GOLDMANN
RATGEBER

Buch

Die Vorsorge, die wir für unsere Rente treffen, entscheidet darüber, wie wir leben werden, wenn wir aus Altersgründen oder aber wegen Krankheit oder Unfall unser Geld nicht mehr selbst verdienen können.

Die Rentengesetzgebung wurde grundlegend geändert, um die Renten bei abnehmender Arbeitnehmerzahl und einer wachsenden Anzahl von Rentnern auch für die Zukunft zu sichern. Gerhard Jäger informiert unter anderem über alle Risiken und Chancen der gesetzlichen Rentenversicherung, über freiwillige Höherversicherung, Renten für Arbeitnehmer aus dem Gebiet der ehemaligen DDR, die sogenannten Fremdrenten für Flüchtlinge und Vertriebene sowie die Möglichkeiten zusätzlicher Altersabsicherung.

Da in diesem Buch der aktuellste Stand der Beratungen zum Rentenreformgesetz berücksichtigt wird, ist es ein unentbehrlicher Ratgeber für alle erwerbstätigen Bürger aus den alten und neuen Bundesländern.

Die neue Rente entstand in enger Zusammenarbeit mit den gesetzlichen Rentenversicherern und privaten Renten- und Lebensversicherungsgesellschaften.

Autor

Gerhard Jäger, geboren 1928 in Berlin, Studium der Wirtschaftswissenschaften, war Ressortleiter für die Wirtschaftsjournale beim »Stern«, anschließend Chefredakteur der »Quick« und arbeitet seit 14 Jahren als Wirtschaftsjournalist und Sachbuchautor.

GERHARD JÄGER

Die neue RENTE

Die Bestimmungen der Rentenreform 1992

Originalausgabe

GOLDMANN VERLAG

Der Goldmann Verlag
ist ein Unternehmen der Verlagsgruppe Bertelsmann

Made in Germany · 3. Auflage · 3/92

Umschlaggestaltung: Design Team München
Satz: IBV Satz- und Datentechnik GmbH, Berlin
Druck: Elsnerdruck, Berlin
Verlagsnummer: 13605
Redaktion: Gundel Ruschill/Silvia Kuttny
Herstellung: Heidrun Nawrot/Sc
ISBN 3-442-13605-9

Inhalt

Stichtag 1. Januar 1992

Ein Gespenst geht um in Deutschland – das Gespenst der Angst um die Renten. Sind die Rentenzahlungen für die Zukunft überhaupt noch gesichert? Bleiben die Bürger der fünf neuen, ostdeutschen Bundesländer Rentner zweiter Klasse? Müssen die Bürger der westdeutschen Alt-Bundesländer für die Renten in den neuen deutschen Landesteilen draufzahlen? Ist der Generationenvertrag überhaupt noch zu halten, wonach die Berufstätigen mit ihren Sozialabgaben die Ruhegelder der Rentner finanzieren? Werden die Sozialabgaben der Berufstätigen ins Uferlose steigen, wenn immer weniger Erwerbstätige immer mehr Rentner ernähren müssen? Ist die im November 1989 von den staatstragenden Parteien CDU, CSU, FDP und SPD (in alphabetischer Reihenfolge) verabschiedete große Rentenreform, mit Gültigkeit ab 1. Januar 1992, durch die Wiedervereinigung Deutschlands nicht bereits überholt – wie lange kann sie überhaupt halten? Bringt das neue Rentenrecht mehr Verschlechterungen als Verbesserungen? Was ändert sich denn überhaupt mit dieser Reform ab 1. Januar 1992?
Fragen über Fragen.

Insbesondere die Rentner fragen besorgt: Kann ich mich als Rentner in Zukunft auf die pünktliche Zahlung meiner Rente verlassen? Werden die Renten auch in Zukunft mit den Lebenshaltungskosten steigen? Muß ich künftig mit noch höheren Beiträgen für die Rentner-Krankenkasse rechnen? Von welcher Rentenhöhe an muß ich auf meine Einkünfte auch noch Steuern entrichten? Habe ich als Rentner noch Anspruch auf eine Kur, um meinen Gesundheitszustand zu verbessern? Wird mir meine Rente gekürzt, wenn ich zeitweilig oder für immer ins Ausland ziehe? Kann ich eine Neuberechnung meiner Rente verlangen, wenn ich noch alte Papiere finde, die meine Rente vielleicht erhöhen könnten? Kann meine Rente gepfändet werden?

Berufstätige wollen wissen: Wie kann ich meine künftige Rente ausrechnen? Welche rentenrechtlichen Zeiten außer Beitragszeiten werden meiner Rente zugerechnet? Komme ich automatisch in die Rentner-Krankenkasse, wenn ich Rentner werde? Kann ich vor dem 65. Lebensjahr überhaupt noch in Rente gehen? Um wieviel verkürzt sich die Rente bei vorzeitigem Ruhestand? In welcher Höhe werden Kinderjahre künftig der Rente gutgeschrieben? Wie komme ich als Frau nach einer früheren »Auszahlung« wegen Eheschließung wieder in die Rentenversicherung rein? Wie kann ich kontrollieren, ob alle meine Einzahlungen registriert sind? Wie verschaffe ich mir Belege über nicht registrierte Beitragszeiten? Lohnt es denn überhaupt, kürzeren Versicherungszeiten nachzulaufen, die nicht registriert sind? Wie viele Jahre muß ich versichert sein, um Anspruch auf eine Rente zu begründen? Was bedeutet das Schlagwort »Gleitender Ruhestand durch Teilrente«? Wie wird die Rente bei Scheidung geteilt? Was wird nach der Wiedervereinigung aus den Rentenansprüchen der Flüchtlinge und Vertriebenen? Welche Besonderheiten gibt es bei den Knappschaftsrenten für Bergleute?

Witwen und Witwer möchten verstehen: Wie werden Hinterbliebenenrenten berechnet? Bekommen die Hinterbliebenen Sterbegeld beim Tod des Versicherten? Wie ist das mit der »kleinen« und der »großen« Witwenrente? Welche Ansprüche haben Waisen und Halbwaisen?

Wie rechnen sich Renten bei Berufs- und Erwerbsunfähigkeit und bei Frühberentung wegen Arbeitslosigkeit? Und dann dieser Alptraum: Was wird aus meinen Rentenerwartungen, wenn ich vorzeitig durch Krankheit oder Unfall erwerbsunfähig werde? Auf wieviel Rente muß ich verzichten, wenn ich vor dem 65. Lebensjahr »invalide« werde? Was passiert mit mir, wenn ich vor dem 60. Lebensjahr keinen Arbeitsplatz mehr finde? Was darf ich als Rentner hinzuverdienen? Lohnt eine freiwillige Höherversicherung, und wann ist die überhaupt möglich?

Die Bürger in den neuen deutschen Bundesländern wollen noch zusätzlich wissen: Wann endlich bekommen wir Renten wie die Alt-Bundesbürger? Von wann an sind wir endlich auch in der gesetzlichen Rentenversicherung »Deutschland – einig Vaterland«? Wie können wir künftige Rentenansprüche aus DDR-Zeiten überprüfen und sichern? Was dürfen wir dazuverdienen, um unsere kleinen Renten aufzubessern? Wie kann man von nun an sein Recht notfalls auch durch Gerichte erstreiten? Wo gibt es überhaupt verläßliche Rentenauskünfte, wenn man mit den Informationen vor Ort unzufrieden ist? Wie ist das nun mit den Renten für Kriegsopfer und deren Hinterbliebene?

Handwerker und Selbständige interessiert zusätzlich: Bin ich automatisch raus aus der gesetzlichen Rentenversicherung? Ist es günstig, mich von der Versicherungspflicht befreien zu lassen? Kann ich freiwillig wieder rein in die Pflichtversicherung? Was müssen Künstler und Journalisten beachten, um eine angemessene Rente zu sichern? Lohnt eine freiwillige Weiterversicherung? Kann es sein, daß ich mit niedrigen freiwilligen Beiträgen meine Rentenansprüche verschlechtere?

Und dann diese heiklen Fragen, die sich wohl jeder mal stellt: Lohnt es, »schwarz« zu arbeiten und diese ganzen lästigen Sozialabgaben und Steuern zu umgehen? Lohnt es, Nebeneinkünfte einfach unter den Tisch fallen zu lassen? Muß der Staat nicht sowieso für mich sorgen, wenn später die Rente nicht reicht? Wohin kann ich mich wenden, wenn ich eine Rentenfrage klären möchte, die ich der gesetzlichen Versicherung vorerst nicht auf die Nase binden will?

Da gibt es dann noch die Betriebsrenten: Welche Ansprüche habe ich darauf? Was wird daraus bei Firmenpleite oder Arbeitsplatzwechsel? Muß ich auf Vorsorgeleistungen des Betriebes auch noch Steuern bezahlen? Was ist eine Betriebsrente, und was sind »Direktversicherungen«? Muß ich später, im Rentenalter, zusätzliche Altersversorgungen als Einkommen versteuern?

Vorsorgebewußte Menschen werden sich schließlich fragen: Reicht die zu erwartende Rente aus, um meinen Lebensabend einigermaßen sorgenfrei genießen zu können? Wie kann ich sozialem Abstieg im Rentenalter und bei vorzeitiger Invalidität vorbeugen? Wie kann ich mich in einer privaten Versicherung zusätzlich absichern? Was ist besser: private Rentenversicherung, Kapital-Lebensversicherung, Sparverträge? Was muß ich bei zusätzlichen privaten Versicherungen beachten? Wie teuer sind sie? Lohnen »dynamische« Versicherungen? Welche vorsorgenden Altersversicherungen lohnen sich, welche nicht? Gibt es »Fallen« bei privater Versicherung? Kann ich durch Vorsorge-Versicherung Steuern sparen? Wie sicher sind die Versicherungen überhaupt? Bereichern sich die Versicherungen auf Kosten ihrer Kunden? Welchen Vorsorgewert haben Eigenheime für das Rentenalter?

Alle diese Fragen werden in diesem Buch beantwortet. Dabei werden besonders komplizierte Teile des Rentenrechts teils verkürzt, teils vereinfachend beschrieben. Der Anhang enthält wichtige Adressen, unter denen man in allen schwierigen Fragen individuell Auskunft bekommt. Und mit Hilfe des Stichwortverzeichnisses finden Sie schnell heraus, was Sie persönlich gerade wissen wollen.

1 Die Rentenreform: Rentensicherung statt Weg ins Chaos

Das ab 1. Januar 1992 geltende neue Rentenrecht wurde von der überwältigenden Mehrheit des deutschen Bundestags im November 1989 beschlossen, als noch kein Politiker auch nur ahnte, wie nah die Wiedervereinigung Deutschlands vor der Tür stand. Die Väter der Reform berücksichtigten also in keiner Weise Besonderheiten der damaligen DDR, und so wurden auch keine Zahlen über Bevölkerungspyramide, Einkommen, Rentenbestände und -zugänge im ostdeutschen Raum eingebracht.

Wir haben es also mit einer vom Ansatz her rein »westdeutschen« Rentenreform zu tun, die nun auch den fünf neuen deutschen Bundesländern übergestülpt wird; ab 1. Januar 1992 gelten die Rentengesetze uneingeschränkt auch für Ostdeutschland. In der kurzen Übergangszeit liefen die Computer in den gesetzlichen Rentenversicherungen heiß. Dabei stellte sich heraus: Die Bevölkerungsstruktur in der Ex-DDR ist geringfügig günstiger als im Alt-Bundesgebiet. Mittel- und langfristig wird dadurch die Solidargemeinschaft aller gesetzlich Versicherten eher begünstigt statt zusätzlich belastet. Die Rentenhöhe der Rentner und rentenzeitnahen Jahrgänge in der Ex-DDR wird wesentlich niedriger liegen als im Alt-Bundesgebiet, weil sie nach den niedrigeren Einzahlungen berechnet wird, die ja wichtigste Grundlage der Rentenberechnung sind. Rentenanpassungen aber sind schrittweise möglich, denn die Arbeitseinkommen und damit auch die Einzahlungen der Erwerbspersonen in Ostdeutschland gleichen sich allmählich jenen in Westdeutschland an. Die steigenden Solidarbeiträge der ostdeutschen Versicherten tragen somit zur Finanzierung in Zukunft steigender Renten bei und sichern zugleich höhere Rentenerwartungen für das eigene Rentenalter.

Den Vätern der Rentenreform muß insoweit Lob gezollt werden: die neue Rentengesetzgebung »paßt« für das vereinigte Deutschland, obwohl sie ursprünglich nur für den westdeutschen Teilstaat konzipiert worden war. Warum aber, so muß man fragen, war eine Rentenreform überhaupt nötig?

Unser Rentensystem ist gut und gerecht

In Deutschland wird die Rente nicht vom Staat (aus Steuern) bezahlt, sondern von den gesetzlichen Rentenversicherungen. Dazu zählen die Landesversicherungsanstalten für Arbeiter, die Bundesversicherungsanstalt für Angestellte und die Knappschaftskassen. Sie finanzieren die Renten aus Beiträgen der Versicherten, die je zur Hälfte von Arbeitnehmern und Arbeitgebern eingezahlt werden, sowie aus einem Bundeszuschuß, der jährlich erhöht (»dynamisiert«) wird. Die Höhe der Beiträge wird so bemessen, daß – zusammen mit dem Bundeszuschuß – die Zahlung an die Rentner gesichert ist und eine Schwankungsreserve von einem Monat zur Verfügung steht. Der persönliche Beitrag zur Rentenversicherung bemißt sich nach der Höhe des Bruttoeinkommens und beträgt regelmäßig 18,7 Prozent (zunächst auf ein Jahr befristet 1 Prozent weniger), die je zur Hälfte von Arbeitnehmer und Arbeitgeber getragen werden. Der Versicherungspflichtige zahlt also regelmäßig 9,35 Prozent vom Bruttoeinkommen in die gesetzliche Rentenversicherung ein.

Somit finanzieren die versicherten Berufstätigen mit ihren Beiträgen und der Staat mit dem Bundeszuschuß die Renten. Gleichzeitig erwerben die Einzahler damit den Anspruch auf Rente für ihren eigenen Versicherungsfall.

Die Rente wird von den Versicherungsträgern entsprechend der Beitragshöhe errechnet, die der Versicherte während seiner Beitragszeiten geleistet hat. Das heißt: Je mehr und je länger ich während meines Berufslebens eingezahlt habe, desto höher wird meine Rentenerwartung. Rentenerhöhend wirken auch eine Reihe »Beitragsfreier Zurechnungszeiten« (siehe dort).

Das System hat sich jahrzehntelang bewährt. Es ist gerecht, leistungsorientiert und führt grundsätzlich zu einer Rentenerwartung, die zumindest oberhalb der nackten Existenzsicherung liegt, wenn auch meist nicht das Ziel erreicht wird, den während des Berufslebens erarbeiteten Lebensstandard aufrechtzuerhalten.

Das Rentensystem soll gesichert bleiben

Da durch dramatischen Rückgang der Geburtenziffern, wesentlich höhere Lebenserwartung und zunehmend frühere Berentungen immer weniger Erwerbstätige immer mehr Rentner »ernähren« müssen, drohte das bewährte System schon innerhalb der nächsten 30 Jahre zusammenzubrechen. Die Reformen wurden rechtzeitig in Kraft gesetzt, um dies zu verhüten, die lohn- und beitragsbezogenen Renten auf hohem Niveau zu erhalten und den Beitragssatz von 18,7 Prozent (zur Zeit 17,7) nicht ins Uferlose steigen zu lassen. Dieser Satz soll bis etwa 1995 beibehalten werden und sich bis zum Jahr 2000 auf maximal 20,1 Prozent erhöhen. Für Arbeitnehmer und Arbeitgeber würde das eine Belastungssteigerung von jeweils 0,7 Prozent bedeuten, sicherlich eine sozial vertretbare Größenordnung. Daß die deutsche Wiedervereinigung eine Korrektur nach oben notwendig machen wird, ist zur Zeit nicht zu erkennen, kann aber auch nicht völlig ausgeschlossen werden.

Die brennendste Frage, ob denn die Rentenzahlungen für die Zukunft überhaupt gesichert sind, kann deshalb mit einem klaren Ja beantwortet werden. Ein mögliches »Aber« grenzt den gesicherten Zeitraum ein, der etwa bis zum Jahre 2010 reichen wird. Wir werden also bald nach der Jahrtausendwende eine nächste Rentenreform brauchen, von der wir heute noch nicht wissen, wie sie aussehen wird. Sicher scheint, daß es auch dann keine staatliche, aus Steuern finanzierte Einheitsrente geben wird, sondern daß das lohn-beitragsbezogene Rentensystem erhalten bleibt.

Reformen sind keine Notbremsen

Rentenreformen stellen notwendige Anpassungen an politische, wirtschaftliche und soziale Entwicklungen dar. Werden sie rechtzeitig und richtig vorgenommen, dienen sie der Zukunftssicherung. Eine große Rentenreform gab es bereits 1957, also vor 35 Jahren. Damals wurde durchgesetzt, daß Versicherte nach einem vollen Berufsleben (45 Versicherungsjahre) rund 60 Prozent ihres durchschnittlich erzielten Nettoeinkommens als Rente erhielten, die Renten jährlich zum 1. Juli an die Entwicklung der Bruttolöhne angepaßt wurden und die Rentner unter bestimmten Voraussetzungen automatisch krankenversichert waren. Heute liegt die durchschnittliche Rentenhöhe bei fast 60 Prozent des Nettoeinkommens.
Anpassungen hat es auch in der Zwischenzeit gegeben. So konnte die Zurechnung eines »Babyjahres« pro Kind erreicht werden. Die Rentner wurden allerdings zur Kasse gebeten, um die steigenden Kosten der Krankenkassen mitzufinanzieren, an denen sie altersbedingt überdurchschnittlich hohen Anteil haben. Sie zahlen jetzt, genau wie Arbeiter und Angestellte, den halben Beitragssatz der Krankenkassen (ca. 5,9 Prozent ihrer Rente), während die andere Hälfte von den Rentenversicherungsträgern (entsprechend den Arbeitgebern) getragen wird (siehe »Krankenversicherung der Rentner«).

Auf einen Blick: Was wird schlechter?

Die Rentenreform, die ja zuerst einmal den Kollaps des Rentensystems verhüten und sicherstellen soll, daß die Renten für die Einzahler auch finanzierbar bleiben, bringt natürlich nicht nur Vorteile, doch ohne sie könnte eine drohende Rentenkrise nicht abgewendet werden.

Die bisher bruttolohnbezogene jährliche Rentenanpassung, also die jeweils zum 1. Juli fällige Rentenerhöhung, wird künftig die steigenden Belastungen der Versicherten berücksichtigen und deshalb grundsätzlich etwas niedriger ausfallen als bisher. Es wäre jedoch falsch, von einer nun nur noch nettolohnbezogenen Rentenanpassung zu reden, denn nicht die Gesamtbelastungen schlagen zu Buche, sondern lediglich die Mehrbelastungen an Steuern und Sozialbeiträgen. Renten und Nettolöhne entwickeln sich folglich in gleicher Weise.

Die Rentenberechnung für Neurentner bleibt jedoch nach wie vor rein bruttolohnbezogen. Die Festsetzung der individuellen Rente orientiert sich am Verhältnis des jeweils versicherten Bruttolohns zum Durchschnittsbruttolohn (siehe »Rentenberechnung«).

Künftig gibt es eine einheitliche Regel-Altersgrenze: Bis zum Jahr 2000 bleiben die bislang geltenden unterschiedlichen Altersgrenzen für Frauen und langjährig Versicherte noch bestehen. Vom Jahr 2001 an werden die Altersgrenzen von 60 bzw. 63 Jahren für bestimmte Personengruppen auf 65 Jahre angehoben. Das Altersruhegeld wird dann für Frauen wie für Männer grundsätzlich nach Vollendung des 65. Lebensjahres gezahlt. Das heißt aber nun nicht, daß jeder bis 65 arbeiten muß; 65 Jahre ist die Regel-Altersgrenze. Langjährig Versicherte behalten den Anspruch, schon mit 62 Jahren in Rente zu gehen. Allerdings fällt dann die Rente niedriger aus, was ja logisch ist: sie zahlen drei Jahre weniger ein und erhalten drei Jahre länger Rente. Für jedes Jahr, das ein mit 62 Jahren Rentenberechtigter früher aufhört, mindert sich die Rente um 3,6 Prozent.

Ähnlich rechnet es sich bei Frauen. Sie gingen in der DDR vor der Vereinigung regelmäßig mit 60 Jahren in Rente, in Westdeutschland nur dann mit 60, wenn sie zwischen 40. und 60. Lebensjahr »mehr als die Hälfte der Zeit«, also mindestens 121 Monate, versicherungspflichtig berufstätig waren und insgesamt mindestens 15 anerkennungsfähige Rentenjahre (die sogenannte Wartezeit) nachweisen konnten. Die einheitliche Regelung ab Jahr 2001 lautet: Die Regel-Altersgrenze ist 65 Jahre. Bei 121 Beitragsmonaten zwischen 40. und 60. Lebensjahr und 15jähriger Wartezeit bleibt es zunächst dabei, daß mit vollendetem 60. Jahr Rente bezogen werden kann. Allerdings wird für diejenigen, die vom Jahr 2001 an in Rente gehen werden, die Altersgrenze in jährlichen Stufen schrittweise angehoben; und zwar zwischen 2001 und 2004 um jeweils drei Monate, danach um jeweils sechs Monate. Somit wird die Regel-Altersgrenze von 65 Jahren für Frauen (wie auch für Arbeitslose) im Jahr 2012 erreicht, für langjährig Versicherte im Jahre 2006.

Beispiel:
Eine Frau, Jahrgang 1947, wird im Jahr 2007 60 Jahre alt und will in Rente gehen, weil sie zwischen 40. und 60. Lebensjahr überwiegend versicherungspflichtig gearbeitet hat. Das kann sie nun nicht mehr, jedenfalls nicht ohne Rentenabzug. Denn zwischen 2001 und 2004 muß sie jährlich 3 Monate zugeben, für 2005 bis 2007 jährlich 6 Monate. Ihre ungekürzte Rente würde sie also erst mit 62,5 Jahren beanspruchen können.
Der Jahrgang 1940 ist also der letzte, der mit 60 in Rente gehen kann. Danach entwickelt es sich so:
Jahrgang 1941 muß bis 60 Jahre zusätzlich 3 Monate arbeiten,
Jahrgang 1942 muß bis 60 Jahre zusätzlich 6 Monate arbeiten,
Jahrgang 1943 muß bis 60 Jahre zusätzlich 9 Monate arbeiten,
Jahrgang 1944 muß bis 61 Jahre arbeiten,
Jahrgang 1945 muß bis 61 Jahre zusätzlich 6 Monate arbeiten,
Jahrgang 1946 muß bis 62 Jahre arbeiten,
Jahrgang 1947 muß bis 62 Jahre zusätzlich 6 Monate arbeiten usw., endlich:
Jahrgang 1952 muß bis 65 Jahre arbeiten, um die volle Rente zu bekommen, jeder spätere Jahrgang selbstverständlich ebenfalls.

Es ist ziemlich sinnlos, in dieser wichtigen Frage der Lebensarbeitszeit von einer Verbesserung reden zu wollen, wie es die Gesetzgeber so gern tun. Der Einschnitt war nötig, um die Renten sicherzustellen; und er ist gerecht. Aber Frauen werden dadurch schlechtergestellt als zuvor, da nützt kein Drumherumreden.

Statt kürzerer Lebensarbeitszeit darf man künftig länger arbeiten. Ab 1992 kann jeder auch eine Teilrente in Anspruch nehmen, also laut Gesetz selber bestimmen, ab wann er seine volle Altersrente beziehen will. Die Teilrente kann beansprucht werden, sobald die Voraussetzungen für eine volle Altersrente erfüllt sind: Frauen also (unter den im vorletzten und letzten Absatz geschilderten Bedingungen) ab 60., langjährig Versicherte ab 63. Lebensjahr. Durch die neue Teilrente wird ein »Hineingleiten« in den Ruhestand möglich, wenn man bereit ist, die Lebensarbeitszeit zu verlängern.

Der Teilrentner nun kann hinzuverdienen. Die erlaubte Zuverdiensthöhe richtet sich danach, ob er wahlweise eine Drittel-, Halb- oder Zweidrittelrente beziehen will (Berechnung siehe unter »Hinzuverdienst«). Das Entscheidende ist: Versicherte können von ihrem Arbeitgeber »verlangen, daß er mit ihnen die Möglichkeit einer Teilbeschäftigung im gesetzlichen Umfang erörtert. Macht der Versicherte hierzu für seinen Arbeitsbereich Vorschläge, hat der Arbeitgeber zu diesen Vorschlägen Stellung zu nehmen.« (§ 42 RRG 92)

Ob das eine gute Idee ist oder nicht, muß jeder selbst entscheiden. Ob die Arbeitgeber von der Möglichkeit Gebrauch machen werden, Rentenberechtigte verkürzt weiter zu beschäftigen, bleibt abzuwarten. Denn sie »müssen« ja nicht mitspielen. Es wird wesentlich davon abhängen, wie die Arbeitsmarktlage aussieht. Eine ordentliche Konjunktur vorausgesetzt – und dafür sprechen sowohl deutsche Wiedervereinigung als osteuropäischer Demokratisierungsprozeß –, werden die Arbeitgeber Arbeitskräfte dringend brauchen, denn geburtenstarke Jahrgänge gehen in Rente, geburtenschwache Jahrgänge rücken ins Erwerbsleben nach.

Auf einen Blick: Was wird besser?

Die beitragsfreien Zeiten werden günstiger berechnet. Beitragsfreie Zeiten werden der Rente zugerechnet. Dazu gehören: Lohnersatzleistungen wie Krankengeld und Arbeitslosengeld. Sie werden ab 1995 (!) wie Beitragszeiten behandelt, und zwar in der Höhe von 80 Prozent des Bruttoarbeitsentgelts, das der jeweiligen Leistung zugrunde liegt.

Die Zurechnungszeit, die bei Frühinvaliden und Hinterbliebenen von Versicherten bisher bis zum 55. Lebensjahr zur Rentenberechnung zugerechnet wurde, wurde auf das 60. Lebensjahr verlängert, und zwar mit voller Anrechnung weiterhin bis zum 55. Lebensjahr, die Zeit zwischen 55 und 60 dann noch zu einem Drittel. Die Verbesserung ist nicht gewaltig und gilt nur für neue Rentenzugänge, aber sie wird sich bemerkbar machen.

Beitragsfreie Zeiten, Anrechnungszeiten genannt, werden künftig günstiger bewertet, und zwar nach dem durchschnittlichen Beitragswert der gesamten Versichertengemeinschaft. Die bisherige Anrechnungsvoraussetzung, nach der mindestens die Hälfte der Jahre zwischen erster und letzter Arbeitsstelle mit monatlichen Pflichtbeiträgen belegt sein mußte (die sogenannte Halbbelegung), entfällt.

Kindererziehungszeiten werden bei Geburten ab 1992 nicht mehr mit einem »Babyjahr« (wie bisher), sondern künftig mit drei Jahren der späteren Rente gutgeschrieben (mehr dazu unter »Kindererziehungszeiten«, Seite71).

Pflegezeiten können ehrenamtlich bzw. nicht erwerbsmäßig tätigen Personen als Pflichtbeitragszeiten anerkannt werden, wenn sie freiwillige Beiträge zahlen, die Pflege eines Pflegebedürftigen nachweisen und unverzüglich einen entsprechenden Antrag stellen. Bei Antritt einer Pflegschaft muß also beim zuständigen Rentenversicherer Antrag gestellt werden. Dadurch kann vor allem ein Anspruch auf vorzeitige Rente wegen Erwerbsunfähigkeit erworben bzw. aufrechterhalten werden.

Ausbildungszeiten an Schulen, Fach- und Hochschulen nach dem 16. Lebensjahr werden künftig nur bis zu sieben Jahren berücksichtigt. Nicht abgeschlossene Fach- und Hochschulzeiten werden nach wie vor nicht als Anrechnungszeiten anerkannt; jedoch können künftig die Zeiten durch Nachzahlung von Beiträgen (!) aktiviert werden.

Die Bewertung niedriger Pflichtbeiträge vor 1992 wird angehoben, und zwar auf das 1,5fache des erreichten Wertes, höchstens jedoch auf 75 Prozent des Durchschnittswertes. Voraussetzung sind 35 Versicherungsjahre (inklusive freiwilliger Beiträge, beitragsfreier Anrechnungszeiten und Berücksichtigungszeiten wegen Kindererziehung und Pflege).

Bei den nach 1973 bis 1991 in Rente gegangenen Personen werden niedrige Pflichtbeiträge aus dem Zeitraum vor der Berentung ebenfalls angehoben und der Rente ab 1992 zugeschlagen. Das soll in einem »vereinfachten Verfahren« automatisch erfolgen. Voraussetzung für die Anhebung ist, daß 35 Versicherungsjahre (einschließlich etwaiger Kinderpauschale) vorliegen. Falls keine Benachrichtigung erfolgen sollte: spätestens im März 1992 schriftlich reklamieren!

2 Das alles ist für Rentner wichtig

Kann ich mich als Rentner auch künftig auf pünktliche Zahlung meiner Rente verlassen? Ja. Es gibt keine Verschiebung der Zahlungstermine. Alle laufenden Renten bleiben unangetastet. Die zwischen 1973 und 1991 zugegangenen Renten werden jedoch unter bestimmten Voraussetzungen um einen Zuschlag erhöht (siehe Seite 23, letzter Absatz).

Kann meine Rente ab 1992 niedriger ausfallen als vorher? Nein. Alle zugeteilten Renten bleiben mindestens in der bisherigen Höhe voll erhalten. Das gilt auch für Hinterbliebenen-, Waisen- und Invalidenrenten.

Werden Renten auch künftig jedes Jahr erhöht? Grundsätzlich ja. Allerdings handelt es sich sowohl bis 1991 als auch danach um »Rentenanpassungen« an das jeweilige Lohnniveau. Anpassung muß aber nicht in alle Ewigkeit auch Erhöhung bedeuten. Rein theoretisch wäre denkbar, daß bei sinkendem Lohnniveau auch die Rentenanpassung negativ ausfällt. In der Praxis jedoch ist solch ein Ereignis so gut wie ausgeschlossen. Die jährliche Rentenanpassung erfolgt jeweils zum 1. Juli. Die Anpassungshöhe wird bis zum 31. März durch Rechtsverordnung der Bundesregierung bekanntgegeben.

Wie hoch sind die Beiträge zur Rentner-Krankenkasse? Krankenversicherungspflichtige müssen aus ihrer Rente Krankenkassenbeiträge zahlen. Das gilt nicht nur für Mitglieder der Krankenversicherung der Rentner (KVdR), sondern auch dann, wenn sie z. B. noch beschäftigt sind. Die Beiträge sind abhängig von der Rentenhöhe. Der Beitragssatz beträgt ca. zwölf Prozent und wird jeweils zur Hälfte von der Rentenanstalt und vom Rentner getragen.

Wie werden die Krankenkassenbeiträge eingezahlt? Der Rentner braucht sich darum nicht zu kümmern. Die Rentenzahlstelle zieht den Beitrag automatisch ab und überweist ihn an die Krankenkasse. Bei einer privaten Krankenversicherung versicherte Rentner, die nicht der KVdR angehören, erhalten ihren Krankenversicherungsanteil und einen Beitragszuschuß ausgezahlt. Sie müssen selbst für die pünktliche Zahlung der Krankenversicherungsbeiträge sorgen.

Muß ich künftig mit höheren Beiträgen für die Rentner-Krankenkasse rechnen? Ja, das kann passieren. Falls die gesetzlichen Krankenkassen ihre Beitragssätze erhöhen müssen, werden auch die Rentner beteiligt. Jedoch werden denkbare Erhöhungen nicht mehr als 0,5 Prozentpunkte erreichen und je 1000 Mark Rente höchstens fünf Mark ausmachen, die der Rentner dann zur Hälfte zu tragen hat. Etwaige Erhöhungen der Krankenversicherungsbeiträge gelten für Rentner grundsätzlich immer ab 1. 7. eines Jahres, zu dem auch die jährliche Rentenanpassung erfolgt. Der höhere Krankenversicherungssatz schmälert folglich nicht die laufende Rente, sondern die Rentenerhöhung zum Anpassungsdatum.

Von welcher Rentenhöhe an muß ich auf meine Einkünfte Steuern bezahlen? Renten sind mit ihrem sogenannten Ertragsanteil steuerpflichtig, soweit dieser Ertragsanteil die Steuerfreigrenzen überschreitet. Der steuerpflichtige Ertragsanteil richtet sich nach dem Eintrittsalter in die Rente und bleibt von da an immer gleich:

Eintrittsalter	Ertragsanteil	Eintrittsalter	Ertragsanteil
55 Jahre	35%	61 Jahre	28%
56 Jahre	34%	62 Jahre	27%
57 Jahre	33%	63 Jahre	26%
58 Jahre	32%	64 Jahre	25%
59 Jahre	31%	65 Jahre	24%
60 Jahre	29%	66 Jahre	23% ... usw.

Der Ertragsanteil für Renten wegen Erwerbsunfähigkeit ist

noch niedriger und berechnet sich nach der Zeit bis zum Beginn der Regel-Altersrente. Er muß bei der zuständigen Rentenversicherung erfragt werden.

Der Steuerfreibetrag ergibt sich aus der Steuergesetzgebung und unterliegt von Zeit zu Zeit gewissen Anpassungen. Ganz grob darf gesagt werden: Ein Alleinstehender hat einen jährlichen Steuerfreibetrag von ca. 6000 Mark, ein verheiratetes Ehepaar einen Steuerfreibetrag von ca. 12000 Mark. Bei Kindern, die noch in der Ausbildung stehen, nicht älter als 27 Jahre sind und im elterlichen Haushalt leben, erhöht sich der Freibetrag je Kind um ca. 3000 Mark.

Rechenbeispiele:
Ein Rentner, alleinstehend, 65 Jahre alt, erhält eine Rente von 2500 Mark, also jährlich 30000 Mark. 24 Prozent davon ist sein Ertragsanteil = 7200 Mark. Sein Steuerfreibetrag beträgt 6000 Mark. Folglich müßte er eine Steuererklärung abgeben. Er bliebe wahrscheinlich gerade noch steuerfrei, weil man davon ausgehen kann, daß er noch einige zusätzliche Freibeträge geltend machen kann.

Wäre derselbe Rentner verheiratet und seine Frau ohne Einkünfte, stünde ihm ein Freibetrag von 12000 Mark zu, und er bräuchte auf keinen Fall eine Steuererklärung abzugeben. Hätte seine Frau jedoch ebenfalls Einkünfte, sähe die Sache so aus: Sie versteuert als noch Berufstätige ihr Einkommen, der Ertragsanteil seiner Rente wird in etwa so bewertet, als ob er ledig wäre. Eine Steuererklärung wäre erforderlich, Steuer jedoch wahrscheinlich nicht zu zahlen. Hätte die Frau statt Berufstätigkeit ebenfalls Rente, angenommen 1500 Mark, so blieben die beiden bei der üblichen gemeinsamen Veranlagung noch immer steuerfrei, obwohl der Ertragsanteil der Ehefrau (Renteneintrittsalter 60 Jahre) bei 29% liegt.

Ganz anders kann die Sache werden, wenn noch zusätzliche Einkünfte erzielt werden, z. B. durch Betriebsrenten, zulässige Hinzuverdienste, Zinsen aus Sparanlagen. Hierdurch entsteht in den meisten Fällen eine Steuerpflicht. Steuerlich vollkommen unschädlich bleiben die Auszahlungen aus privaten Lebens- und Rentenversicherungen, nicht jedoch die Zinsen aus deren Anlage in späteren Jahren.

Im Rentenalter sollte man sich die Aufregung sparen, wegen einer aufgedeckten Steuermogelei hohe Nachzahlungen und zusätzliche Steuerstrafen zu riskieren. Es gibt nur einen einzigen guten Rat: Gehen Sie mit Ihrem Rentenbescheid ein einziges Mal zu einem privaten Steuer- oder Rentenberater. Sie finden solche Adressen in jedem Branchen-Telefonbuch. Vertrauen Sie sich ihm ehrlich an; beide sind eidlich zum Schweigen verpflichtet. Lassen Sie sich beraten, ob Sie überhaupt steuerpflichtig sind. Falls ja, lassen Sie sich einmal eine Jahressteuererklärung erstellen und zahlen Sie dafür. Die Kosten mindern Ihre Steuerschuld. In allen folgenden Jahren können Sie dann die Erklärung (mit den jeweils zum 1. Juli geänderten Renten und den variablen anderen Einkünften) im wesentlichen von der »professionellen« Vorlage abschreiben.

Wenn Sie sicher sind, steuerlich »sauber« zu sein: Lassen Sie sich vom Finanzamt bei der Ausfüllung der jährlichen Steuererklärungen helfen. Die Beamten sind zur Hilfe verpflichtet. Doch wenn Sie neu in Rente gehen: Leisten Sie sich im ersten Rentenjahr einen Steuerberater. Dann wissen Sie ein für allemal, wie Sie sich als Rentner gegenüber dem Finanzamt zu verhalten haben!

Habe ich als Rentner noch Anspruch auf eine Kur, um meinen Gesundheitszustand zu verbessern? In gewissem Umfang ja. Zuständig ist aber grundsätzlich nicht die gesetzliche Rentenversicherung, sondern die jeweilige Krankenkasse. Im allgemeinen wird ein – vom Arzt Ihrer Wahl – begründeter Kurantrag auf eine sogenannte offene Badekur von der Kasse genehmigt. Übernommen werden dann aber nur die Kosten für die ärztlichen Untersuchungen, die verordneten Kuranwendungen und Arzneimittel sowie ein Tagegeld von 15 Mark für die Dauer von vier Wochen. Voll übernommen werden die Kurkosten bei Anschlußheilbehandlungen (z. B. nach Herzinfarkt oder Krebsoperation). Die vollen Kosten einer Rehabilitationskur (bei einem Eigenanteil von zehn Mark pro Tag) werden über das 63. Lebensjahr hinaus nur dann gewährt, wenn der Versicherte noch berufstätig ist und erklärt, daß er die Absicht hat, weiterhin berufstätig zu bleiben. Sollte er diese Absicht nach der Kur nicht mehr aufrechterhalten, haben die Kostenträger keinen Anspruch auf finanzielle Rückforderungen.

Wird meine Rente gekürzt, wenn ich im Ausland lebe? Nein, jedenfalls nicht diejenigen Renten, deren Ansprüche aufgrund von Pflicht- oder freiwilligen Beiträgen im Alt-Bundesgebiet entstanden sind. Es ist also möglich, daß ein Rentner in ein anderes europäisches Land zieht (bei außereuropäischen Ländern und den Ländern des ehemaligen Ostblocks immer vorher einen privaten Rentenberater fragen; auch er unterliegt der Schweigepflicht). Ein Rentner mit dauerndem Auslandswohnsitz kann sich seine Rente weiter auf ein Bankkonto in Deutschland oder auf ein Devisenkonto in seinem Aufenthaltsland überweisen lassen. Jeder Rentner ist verpflichtet, seine Wohnsitzänderung der Rentenversicherung mitzuteilen.

Anders liegt der Sachverhalt für Rentner, die einen Teil ihrer Rentenansprüche aus dem sogenannten Fremdrentengesetz herleiten. Das sind also ehemalige DDR-Flüchtlinge (C-Ausweis), Vertriebene (A-Ausweis) und einige andere Personengruppen, die einen Teil ihrer Rentenbeiträge nicht im Alt-Bundesgebiet gezahlt haben. Ihnen kann unter Umständen die Rente gekürzt werden, wenn sie im Ausland ihren Altersruhesitz nehmen und in Deutschland nicht mehr gemeldet sind. Vorübergehende Auslandsaufenthalte spielen natürlich keine Rolle, solange Hauptwohnsitz, Bankverbindung, Personalausweis beibehalten werden.

Die Grundsatzabteilung der BfA meint zwar, daß man letztlich von solchen Einschränkungen wieder Abstand nehmen wolle, aber die Dinge bleiben vorerst ungeklärt, zumal nun sicher auch Bürger der fünf neuen Bundesländer die Absicht haben werden, ihr Rentenalter im Ausland zu verbringen. Deshalb sei grundsätzlich allen jenen, die rentenrechtlich zurechnungsfähige Zeiten außerhalb des Alt-Bundesgebietes geltend machen, empfohlen, rechtzeitig vor Umzug ins Ausland bei einem privaten Rentenberater Rat zu suchen. Das gilt auch für alle Bürger der neuen Bundesländer und Ost-Berlins.

Kann ich eine Neuberechnung meiner Rente verlangen, wenn ich noch alte Papiere finde, die vielleicht meine Rente erhöhen? Ja, jederzeit. Rentenneuberechnung wird immer dann fällig, wenn neue Tatsachen bekannt werden, die eine höhere Rente erwarten lassen. Diese Regelung ist durch die deutsche Wiedervereinigung und die osteuropäische Öffnung hochinteressant geworden. Bekanntlich konnten viele Flüchtlinge und Vertriebene Teile ihrer Berufstätigkeiten nicht nachweisen, weil östliche Behörden keine Auskünfte erteilten. So blieben Zeiten bei der Rentenberechnung unberücksichtigt oder wurden nur mit fünf Sechstel der tatsächlichen Zeit anerkannt, wenn statt amtlicher Unterlagen nur Ersatzbelege (Zeugenerklärungen u. a.) beigebracht werden konnten.

Betroffene sollten jetzt unbedingt versuchen, die seinerzeit verweigerten Unterlagen zu beschaffen. Die sogenannten »Kaderakten« sind großenteils noch vorhanden. Die ostdeutschen Versicherungsstellen erteilen ebenfalls Auskunft, wenn die entsprechenden Unterlagen noch aufzufinden sind. Schnelles Handeln ist sinnvoll, denn die Rentenneuberechnung erfolgt grundsätzlich erst mit dem Monat der Antragstellung.

Darf ich neben meiner Rente hinzuverdienen? Ja, in jedem Falle. Allerdings sind die Zuverdienstgrenzen je nach Rentenfall unterschiedlich hoch.

- Nach dem 65. Geburtstag darf ohne Minderung der Altersrente in unbegrenzter Höhe hinzuverdient werden.

- Bei Altersrenten vor Vollendung des 65. Lebensjahres dürfen nur 480 Mark monatlich hinzuverdient werden (Stand bei

Drucklegung 1991; wird wahrscheinlich 1992 geringfügig erhöht). Der Betrag darf jedoch zweimal jährlich um den gleichen Betrag (z. B. durch Urlaubs- und Weihnachtsgeld) überschritten werden. Eine Überschreitung der Zuverdienstgrenze führt nicht mehr, wie früher praktiziert, zum völligen Rentenentzug. Vielmehr wird die Rente in eine Teilrente umgewandelt, also je nach Zuverdiensthöhe um ein Drittel, die Hälfte oder zwei Drittel gekürzt und erst dann gestrichen, wenn die Zuverdienstgrenze für die Drittel-Teilrente überzogen wird. Überschreitungen von Zuverdienstgrenzen müssen mitgeteilt werden, bei Verringerung oder Wegfall von Zuverdienstgrenzen muß die entsprechend höhere Teil- oder Vollrente neu beantragt werden.

Die Zuverdienstgrenzen für die Rentner im Alt-Bundesgebiet betragen (bei Redaktionsschluß 1991):
Vollrente: 480 Mark
Teilrente von 2/3: 692 Mark
Teilrente von 1/2: 1038 Mark
Teilrente von 1/3: 1385 Mark

Darüber hinaus gibt es eine individuelle Hinzuverdienstgrenze. Sie begünstigt diejenigen, die aufgrund höherer Einkommen auch entsprechend höhere Pflichtbeiträge eingezahlt haben. Die Staffelung (Stand 1. Halbjahr 1990):

Monatsverdienst vor	Hinzuverdienstgrenze (in DM) bei Teilrente von		
der Berentung (in DM)	zwei Dritteln	der Hälfte	einem Drittel
2000	803	1205	1606
2500	1004	1506	2008
3000	1204	1807	2409
3500	1405	2108	2811
4000	1606	2410	3213
4500	1807	2711	3615
5000	2008	3012	4016
5500	2209	3313	4418
6000	2410	3615	4820

■ Von Rentnern, die per 31. 12. 1991 ein sogenanntes flexibles Altersruhegeld beziehen mit einer Hinzuverdienstgrenze von 1000 Mark, weil sie das 63. Lebensjahr oder – als Schwerbehinderte, Berufs- oder Erwerbsunfähige – das 62. Lebensjahr vollendet haben, darf auch ab 1992 diese Zuverdienstgrenze in Anspruch genommen werden.

■ Rentner in den fünf neuen Bundesländern dürfen derzeit nur 280 Mark monatlich hinzuverdienen (Stand 1991). Der Einigungsvertrag sieht vor, daß dieser Betrag schrittweise an die für Westdeutschland geltenden Sätze angepaßt wird. Dazu wird es jeweils Rechtsverordnungen geben. Um Ärger mit Finanzämtern zu meiden, sollten sich ostdeutsche Rentner vor Aufnahme einer Zuverdiensttätigkeit beim Finanzamt nach dem jeweiligen Stand der Zuverdienstgrenze erkundigen. Ab dem 65. Lebensjahr dürfen sie unbegrenzt hinzuverdienen.

■ Rentner, die eine Rente wegen Erwerbsunfähigkeit beziehen, dürfen 480 Mark ohne Rentenkürzung hinzuverdienen. Datieren jedoch sowohl Rentenfall als auch Rentenantrag vor dem 1. Januar 1984, so ist ein rentenunschädlicher Zuverdienst von 625 Mark möglich. Ab dem 65. Lebensjahr darf dann, durch Übergang in die gewöhnliche Altersrente, unbegrenzt hinzuverdient werden.

■ Bei Renten wegen Berufsunfähigkeit darf unbegrenzt hinzuverdient werden. Zu unterscheiden: Berufsunfähigkeit bedeutet, daß der Betroffene nicht mehr oder nicht mehr voll in seinem angestammten Beruf arbeiten kann, aber durchaus in der Lage ist, einen Erwerb zu erzielen. Die BU-Rente ist deshalb entsprechend niedrig und kann bei Besserung des Gesundheitszustandes entzogen werden. Dagegen geht die Erwerbsunfähigkeitsrente davon aus, daß der Betroffene keinem wesentlichen Erwerb mehr nachgehen kann. Die EU-Rente ist deshalb höher, läßt aber nur einen geringen Hinzuverdienst zu.

■ Kriegsopferrenten sind nicht an Verdienstgrenzen gebunden. Auch sind nicht die gesetzlichen Rentenversicherungen für die Leistungen zuständig, sondern die Versorgungsämter. Leistungsträger ist nach dem Bundesversorgungsgesetz der Bund. Auch Kriegsopfer im ehemaligen DDR-Gebiet haben seit 1. 1. 1991 Anspruch auf diese Rente (die es in der DDR nicht gab). Betroffene in den fünf neuen Bundesländern, die am Wohnort keine befriedigende Auskunft erhalten, finden im Anhang Adressen, unter denen sie um Rat und Hilfe nachsuchen können. Kriegsopferrenten sind nicht steuerpflichtig; auch dann nicht, wenn sie zusätzlich zu anderen Renten gezahlt werden.

Kann die Rente gepfändet werden? Renten sind nur teilweise pfändbar; der pfändbare Teil richtet sich genau wie bei anderen Einkommensarten nach einer Tabelle der Zivilprozeßordnung. Die Tabelle wird von Zeit zu Zeit dem Preisniveau angepaßt. Beispiel: Die Pfändungsfreigrenze für ein Ehepaar ohne Kinder liegt bei 1430,40 Mark, nachdem zuvor eine Anzahl zwangsläufiger Ausgaben (z. B. Versicherungen, Darlehensrückzahlungen) abgezogen werden können. Für einen Pfändungsbeschluß zuständig ist das Amtsgericht. Der Schuldner kann Einwände vorbringen, beim Amtsgericht sogenannte Erinnerung (Widerspruch, binnen zwei Wochen) einlegen und Antrag auf einstweilige Anordnung der Einstellung einer drohenden Zwangsvollstreckung stellen. Bei hohen Forderungen sei dringend anwaltliche Beratung empfohlen!

Wozu ist der Rentnerausweis nützlich? Die jährlich zugehende Rentenanpassungsmitteilung ist zugleich »Rentnerausweis«. Bei Vorlage gewähren viele kommunale und kulturelle Einrichtungen sowie Verkehrsbetriebe Verbilligungen. Deshalb ist es vorteilhaft, dieses Papier mit dem Personalausweis bei sich zu tragen. Die Mitteilung ist so gestaltet, daß sie gefaltet vorgezeigt werden kann, ohne die Höhe der Rente beim Vorzeigen zu offenbaren.

Auf welchen Wegen bekommt man seine Rente? Die vorteilhafteste Art der Rentenzahlung ist grundsätzlich die monatliche Überweisung auf das Konto des Rentners bei einer Bank, Sparkasse, auf das Girokonto der Post oder auf ein Postsparbuch. Die Überweisung kann auch auf das Konto einer Vertrauensperson erfolgen. Der Rentner braucht – unter Angabe seiner Rentennummer – nur einen Brief an die Rentenzahlstelle zu schreiben und um Banküberweisung zu bitten. Er bekommt dann ein Formular zugeschickt, das er ausfüllen muß. Soll das Geld auf das Konto einer Vertrauensperson überwiesen werden, so muß er deren Namen, Vornamen, Adresse und Kontonummer angeben.

Wer seine Rente nicht auf ein Konto überweisen läßt, bekommt monatlich eine »Zahlungsanweisung zur Verrechnung« mit der Post zugeschickt, die beim Postamt zur Barauszahlung oder bei Bank oder Sparkasse zur Gutschrift auf ein Konto vorgelegt wird.

Wer das 75. Lebensjahr vollendet hat oder wegen seines Gesundheitszustandes nicht mehr in der Lage ist, die Rentenbeträge abzuholen, kann schriftlich beantragen, ihm die Monatsrente kostenlos durch den Briefträger zuzustellen. Den entsprechenden Antrag gibt es auf dem Postamt.

Werden andere Personen mit der Abholung der Rente beauftragt, so brauchen sie eine Vollmacht: Frau/Herr sowieso, wohnhaft dort und dort, Personalausweisnummer XY, ist berechtigt, meine Rente in Höhe von ... DM in Empfang zu nehmen (bzw. von meinem Konto/Sparbuch, Nr. ..., abzuheben). Datum, Unterschrift.

3 Was Renteneinzahler alles wissen sollten

Was bietet die gesetzliche Rentenversicherung denn überhaupt?
– Natürlich die Altersrente ab 65. Lebensjahr,
– vorzeitige Rente bei Berufs- und Erwerbsunfähigkeit sowie für Langzeitarbeitslose über 60 (siehe auch Seite 35),
– vorzeitige Altersrente ab 60 für Schwerbehinderte, Berufs- und Erwerbsunfähige sowie Bergleute,
– Teilrente zu 1/3, der Hälfte oder 2/3 bei teilweiser Fortsetzung der Erwerbstätigkeit über die Altersgrenze hinaus,
– Witwen- und Witwerrente, Waisen- und Halbwaisenrente für den Todesfall des Versicherten in jedem Lebensalter,
– Anspruch auf Kuren zur Wiederherstellung der Arbeitsfähigkeit oder zur Abwendung der Gefahr drohender Berufs- oder Erwerbsunfähigkeit nach dem Grundsatz: Rehabilitation geht vor Rente.

Wer ist versicherungspflichtig? Kraft Gesetz versichert sind Arbeiter und Angestellte, Auszubildende, Behinderte in Behindertenwerkstätten, Mitarbeiter religiöser Vereinigungen, Selbständige (soweit sie nicht selber Angestellte beschäftigen), Hausgewerbetreibende, in die Handwerksrolle eingetragene Handwerker (Befreiung nach 18 Pflichtversicherungsjahren möglich), und zwar ausnahmslos alle, ohne Verdienstobergrenze. Für Besserverdiener gilt lediglich eine Beitragsobergrenze, über die hinaus keine Versicherungsbeiträge erhoben werden. Diese Beitragsbemessungsgrenze wird jährlich zum 1. Januar angepaßt und liegt 1991 bei 6500 Mark Einkommen. Dafür wird der Höchstbeitrag von 1216 Mark erhoben, der je zur Hälfte von Arbeitgeber und Arbeitnehmer zu zahlen ist.

Versicherungspflichtig sind ferner Personen, für die Kindererziehungszeiten anzurechnen sind: bei Geburten bis 31.12.1991 ein Jahr, ab 1. 1. 1992 drei Jahre. Wichtig: Tatsächlich werden

keine Beiträge bezahlt, die Zeiten werden aber so zugerechnet, als wären Beiträge auf der Basis von 75 Prozent des Durchschnittsverdienstes (1992 entsprechend ca. 6000 Mark) gezahlt worden!
Versicherungspflichtig sind auch Wehr- und Zivildienstleistende, denen ohne Beitragsleistung ab 1. 1. 1992 ihre Zeiten so zugerechnet werden, als hätten sie für 80 Prozent (früher nur 70 Prozent) des Durchschnittsverdienstes Beiträge geleistet. Ausnahme: Wehr- und Zivildienstleistende, die während ihrer Dienstzeit weiterhin Arbeitsentgelt erhalten, müssen ihre Beiträge wie jeder gewöhnliche Arbeiter oder Angestellte leisten.

Entwicklungshelfer oder im Ausland beschäftigte Deutsche sind ab 1992 mit ihrem tatsächlich verdienten Arbeitseinkommen zu versichern. Falls es jedoch günstiger ist, wird weiterhin auf ein fiktives Einkommen als Mindestbeitrags-Bemessungsgrundlage abgestellt.

Wieviel Versicherungsjahre begründen einen Rentenanspruch? Grundsätzlich müssen fünf Jahre (= 60 Versicherungsmonate) eingezahlt worden sein. Die Zeiten (man spricht von der sogenannten Wartezeit) brauchen nicht zusammen zu liegen. Mit fünf Pflichtversicherungsjahren erwirbt man also den Mindestanspruch auf die Regel-Altersrente ab 65 und auf Rente wegen verminderter Erwerbsfähigkeit (nur dann, wenn zu Zeiten der Erwerbsminderung Beiträge gezahlt werden). Ehegatten »erben« auch den Anspruch auf Witwen- bzw. Witwerrente.

15 Versicherungsjahre sind nötig, um einen Anspruch auf vorzeitige Rente wegen Arbeitslosigkeit oder als Frau auf Berentung ab 60. Lebensjahr zu erwerben.

Eine Wartezeit von 20 Versicherungsjahren ist Voraussetzung für einen Rentenanspruch wegen Erwerbsunfähigkeit für Versicherte, die die allgemeine Wartezeit von fünf Jahren vor Eintritt der Erwerbsunfähigkeit nicht erfüllt haben.

Eine Wartezeit von 25 Versicherungsjahren begründet Anspruch auf Altersrente für langjährig unter Tage beschäftigte Bergleute und Rente für Bergleute ab dem 50. Lebensjahr.

Eine Wartezeit von 35 Jahren ist für langjährig Versicherte Voraussetzung für einen Anspruch auf vorzeitige Altersrente sowie auf Altersrente für Schwerbehinderte, Berufs- und Erwerbsunfähige.

Die allgemeine Wartezeit (fünf Jahre) ist vorzeitig erfüllt, wenn Versicherte wegen Arbeitsunfalls, Wehr- oder Zivildienstbeschädigung oder Gewahrsams (Häftlingshilfegesetz) vermindert erwerbsfähig geworden oder gestorben sind. Es muß jedoch zum Zeitpunkt des Arbeitsunfalls Pflichtversicherung bestehen oder von zwei Jahren vor dem Arbeitsunfall mindestens ein Jahr mit Pflichtbeiträgen belegt sein.

Welche rentenrechtlichen Zeiten außer Beitragszeiten werden der Rente zugerechnet? Außer Pflichtbeitragszeiten gelten auch solche Zeiten, für die freiwillige Beiträge entrichtet worden sind, sowie Zeiten, für die Pflichtbeiträge als gezahlt gelten (z. B. Kindererziehung, Wehr- oder Ersatzdienst).

Außerdem gelten sogenannte Anrechnungszeiten: Sie werden gutgeschrieben (Nachweise erforderlich!) für Zeiträume, in denen Versicherte wegen Krankheit arbeitsunfähig waren oder Leistungen zur Rehabilitation erhielten, wegen Schwangerschaft/Mutterschaft nach dem Mutterschutzgesetz eine versicherte Beschäftigung bzw. selbständige Tätigkeit nicht ausgeübt haben, wegen Arbeitslosigkeit als Arbeitsuchende gemeldet waren, nach dem 16. Lebensjahr eine Schule besucht, eine Fach- oder Hochschule besucht und abgeschlossen (!) haben (bis höchstens sieben Jahre). Wegen einiger Besonderheiten werden nicht alle diese Zeiten in jedem Falle anerkannt, deshalb sind rechtzeitige Einreichung der Unterlagen und Erkundigungen – ggf. bei einem privaten Rentenberater – sehr sinnvoll.

Außerdem gibt es dann noch die sogenannte Zurechnungszeit. Sie wird bei einer Rente wegen Berufs- oder Erwerbsunfähigkeit oder bei einer Rente wegen Todes immer dann zugerechnet, wenn der Versicherte das 60. Lebensjahr noch nicht vollendet hat (siehe auch Seite 22).

Kann ich mich zusätzlich höherversichern? Die bisherige Möglichkeit, neben Pflicht- oder freiwilligem Beitrag eine Höherversicherung zu zahlen, fällt ab 1. Januar 1992 grundsätzlich weg. Nur wer bis zum 31. 12. 1991 mindestens einen Höherversicherungsbeitrag eingezahlt hat oder vor dem 1. 1. 1942 geboren ist, kann weiterhin Höherversicherungsbeiträge entrichten. Für die zuletzt genannte Gruppe können auch durch Arbeitgeber oder Arbeitsamt weiterhin Höherversicherungsbeiträge aufgrund einer Alters-Teilzeitarbeit geleistet werden.

Eine ganz andere Frage ist, ob sich eine freiwillige Höherversicherung für den Versicherten überhaupt lohnt. Diese Versicherungsart ist von der jährlichen dynamischen Rentenanpassung ausgeschlossen; der aus Höherversicherung ermittelte Rentenanteil bleibt also statisch. Liegen die Einzahlungen Jahre zurück, so erfolgt dafür keine Verzinsung. Die eingezahlte Summe wird in Monatsraten so verrentelt, daß man sein gutes Geld in – inflationsbedingt – immer »schlechterem« Geld binnen zehn Jahren zurückbekommt. Erst danach und bei Erreichung eines sehr hohen Lebensalters wird diese Geldanlage zum »guten Geschäft«.

Wie hoch sind die freiwilligen Versicherungsbeiträge? Der Mindestbeitrag zur freiwilligen Versicherung wird ab 1992 nur noch mit $1/7$ (statt bisher $1/6$) berechnet; das entspricht einer Beitragssenkung von 14 Prozent. Die Regelung ist für diejenigen interessant, die freiwillige Beiträge lediglich zur Aufrechterhaltung ihres Versicherungsschutzes für eine Rente wegen Berufs- oder Erwerbsunfähigkeit zahlen.

Wer aus einer Versicherungspflicht ausscheidet, muß zur Aufnahme freiwilliger Versicherungszahlungen eine Frist von einem Monat wahren und darf die freiwilligen Zahlungen nicht mehr unterbrechen, z. B. wenn er als Selbständiger das Risiko vorzeitiger Invalidität absichern will. Es ist jedoch ab 1992 möglich, die freiwilligen Beiträge noch bis zum 31. 3. des Folgejahres einzuzahlen und damit den Versicherungsschutz für den Fall verminderter Erwerbsfähigkeit aufrechtzuerhalten.

Freiwillige Beiträge können bis zur Höhe der Beitragsobergrenze für Pflichtversicherte geleistet werden. Sie nehmen an der jährlichen Rentenanpassung (Dynamisierung) teil.

Stimmt es, daß niedrige freiwillige Beiträge die Rente verringern? Nein, aber der Unsinn hält sich hartnäckig. Jeder Beitragsmonat zählt und wirkt rentenerhöhend. Natürlich desto mehr, je höher der Beitrag ist.

Wann kann man sich denn überhaupt freiwillig versichern? Freiwillige Versicherung ist für Personen möglich, die das 16. Lebensjahr vollendet haben, die nicht pflichtversichert oder von der Pflichtversicherung befreit sind und die die allgemeine Wartezeit von 60 Versicherungsmonaten erfüllt haben. Das gilt auch für Deutsche, die ihren ständigen Wohnsitz nicht in Deutschland haben. Freiwillige Versicherungen nach Bewilligung einer Altersrente sind nicht möglich.

Wann ist Beitragsnachzahlung möglich? Nachzahlungen sind für verschiedene Personengruppen unter stets anderen Voraussetzungen möglich. Sie haben den Sinn, »Versicherungslöcher« aufzufüllen, Ansprüche zu sichern und künftige Rentenleistungen zu erhöhen. Wer von den nachfolgend aufgeführten Personengruppen in Frage kommt, sollte sich in jedem Falle an seinen zuständigen Rentenversicherer oder einen privaten Rentenberater wenden (Belege erforderlich).

Deutsche, die auf Veranlassung oder im Interesse der Bundesrepublik Deutschland Dienst in internationalen Organisationen geleistet haben und deren Rentenversorgung für diese Zeit nicht gesichert ist, können bis 31. 12. 1992 sofort, danach mit sechs Monaten Frist nach dem Ausscheiden Nachzahlungsantrag stellen.

Versicherte, die Entschädigungsanspruch für Zeiten von Strafverfolgung haben, können binnen Jahresfrist nach Rechtskraft der die Entschädigungspflicht feststellenden Entscheidung den Nachzahlungsantrag stellen.
Geistliche und Ordensleute aus der DDR, die ihre Tätigkeit dort aufgegeben haben oder aufgeben mußten, geflüchtet sind oder vertrieben wurden, können Nachzahlungsantrag stellen. Ebenso ehemals selbständig berufstätige Flüchtlinge, Vertriebene und Evakuierte.
Nachzahlen dürfen ferner ehemalige landwirtschaftliche Unternehmer und mitarbeitende Familienangehörige, die aus der landwirtschaftlichen Alterssicherung ausgeschieden sind und in die gesetzliche Rentenversicherung integriert wurden.

Die geltende Nachzahlungsmöglichkeit für Frauen, die eine Heiratserstattung in Anspruch genommen haben, gilt ab 1992 auch für diejenigen, die keine vorherige Pflichtbeitragszeit nachweisen können. Der Antrag muß bis spätestens 31. 12. 1995 gestellt werden. Das gilt auch für ehemalige Beamtinnen, die wegen Heirat aus dem Beamtenverhältnis ausgeschieden sind und eine Abfindung erhalten haben. Nicht antragsberechtigt sind Frauen, die Altersrente bzw. Ruhestandspension beziehen oder das 65. Lebensjahr vollendet haben.

Nachzahlungsmöglichkeit besteht für Ausbildungszeiten (Studium), die nicht als Anrechnungszeiten anerkannt werden (z. B. bei nicht abgeschlossenem Studium oder Ausbildungszeiten über sieben Jahre). Der Antrag muß bis zum 45. Lebensjahr gestellt werden, bis zum Ende des Jahres 2004 darf der Antrag jedoch ohne Altersbegrenzung gestellt werden, nicht aber nach Eintritt der Altersrente.

Zur Nachzahlung freiwilliger Beiträge sind ferner die im Gesetz über die Altershilfe der Landwirte (GAL) genannten ehemaligen Landwirte, Nebenerwerbslandwirte und ehemals hauptberuflich mitarbeitenden Familienangehörigen berechtigt, wenn sie zum Zeitpunkt des Nachentrichtungsantrags mindestens 24 Monate eine rentenversicherungspflichtige Tätigkeit ausgeübt haben. Die landwirtschaftlichen Alterskassen bestätigen auf Antrag, ob die persönlichen Voraussetzungen für freiwillige Nachzahlungen erfüllt sind.

Wie hoch sind die Nachzahlungsbeiträge? Sie werden nach den aktuellen Beitragssätzen zum Zeitpunkt der Nachzahlung berechnet, und auch die Bewertung der Beiträge im Rentenfall erfolgt selbstverständlich entsprechend. Die Mindestbeitragshöhe wird also bei ca. 110 Mark pro Nachzahlungsmonat liegen, maximal jedoch bei ca. 1200 Mark. Ob sich die Nachzahlung im persönlichen Fall lohnt, läßt man am besten von einem privaten Rentenberater ausrechnen.

Ausnahmsweise werden die Nachzahlungen wegen früherer Heiratserstattung für Frauen günstiger berechnet: hier sind grundsätzlich die Werte der Jahre maßgebend, für die die Erstattung gezahlt wurde. Nachzahlung lohnt folglich in diesen Fällen fast immer.

Welche Nachentrichtungsmöglichkeiten entfallen ab 1. 1. 1992? Nur noch bis spätestens Ende 1991 können folgende Personengruppen freiwillige Beiträge nachentrichten: Soldaten der Reichswehr für Zeiten von 1924 bis 1937; Schutzpolizeibeamte alten Rechts und Polizeibeamte des Reichswasserschutzes für Zeiten von 1924 bis 1938; zeitweilig versicherungsfrei Beschäftigte wegen wissenschaftlicher Ausbildung vor dem 1. 3. 1957 (Referendare, wissenschaftliche Assistenten, Assistenzärzte, Anwaltsassessoren, Praktikanten, Werkstudenten); Frauen, die wegen Heirat aus der versicherungsfreien Beschäftigung als Beamtin oder Angestellte ausschieden und nicht nachversichert wurden, für Zeiten von 1924 bis 1953.

Komme ich mit der Rentenzahlung automatisch auch in die Rentner-Krankenkasse? Nein. Es gehört zu den häufigsten und verhängnisvollsten Irrtümern, man sei als Rentner immer auch automatisch krankenversichert. Wer die Voraussetzungen der Zugehörigkeit zur Krankenversicherung der Rentner (KVdR)

nicht erfüllt, muß versuchen, diese Bedingungen noch zu erfüllen. Wenn das nicht mehr möglich ist, muß er sich anderweitig weiterversichern, entweder als freiwilliges Mitglied in einer gesetzlichen Krankenkasse oder bei einer privaten Krankenversicherung. Das kann – bei niedriger Rente – eine sehr teure Sache sein.
Wer die Bedingungen zur Mitgliedschaft in der KVdR nicht erfüllt, kann diesen Versicherungsschutz auch nicht durch freiwilligen Beitritt als Rentner herstellen. Deshalb beachten Sie in Ihrem Interesse die genauen Voraussetzungen, welche den Anspruch auf Zugehörigkeit zur KVdR begründen.

Welche Bedingungen müssen zur Mitgliedschaft in der Rentner-Krankenkasse erfüllt sein? Bei Rentenanträgen bis zum 31. 12. 1993 genügt eine Vorversicherungszeit bei einer gesetzlichen Krankenkasse für die Hälfte (Halbbelegung) des gesamten Erwerbslebens (frühestens ab 1. 1. 1950).

Beispiel:
Erstmalige Aufnahme einer Erwerbstätigkeit: 1. 4. 1942.
Rentenantragstellung am 30. 4. 1991.
Gesamtzeit 41 Jahre, 4 Monate (vom 1. 1. 1950 bis 30. 4. 1991).
Halbe Zeit 20 Jahre, 8 Monate.
Die Halbbelegung ist erfüllt, wenn in der Zeit vom 1. 1. 1950 bis 30. 4. 1991 für 20 Jahre, 8 Monate Vorversicherungszeiten in der GKV nachgewiesen werden.

Bei Rentenanträgen ab 1. 1. 1994 ist die Vorversicherungszeit für den Krankenversicherungsschutz in der KVdR nur dann erfüllt, wenn der Rentner oder Rentenantragsteller – bei Hinterbliebenen-Rentnern die Person, aus deren Versicherung der Rentenanspruch hergeleitet wird – die zweite Hälfte des Zeitraums zwischen erstmaliger Aufnahme einer Erwerbstätigkeit und Rentenantragstellung zu neun Zehnteln mit Mitgliedschaften zu einer gesetzlichen Krankenkasse belegt hat.

Als Mitgliedschaften rechnen Zeiten der Pflichtversicherung, der freiwilligen Mitgliedschaft und einer Familienversicherung ab 1. 1. 1989 (eigene Mitgliederzeiten). Diesen eigenen Mitgliederzeiten werden Zeiten einer Ehe mit einem Mitglied bis zum 31. 12. 1988 gleichgestellt, wenn die mit dem Mitglied verheiratete Person in diesen Zeiten nicht mehr als geringfügig beschäftigt gewesen ist.

Beispiel:
Erstmalige Aufnahme einer Erwerbstätigkeit: 1. 4. 1945.
Rentenantragstellung am 15. 1. 1994.
Die Gesamtzeit umfaßt 48 Jahre, 9 Monate, 15 Tage (Rahmenfrist).
Davon die Hälfte: 24 Jahre, 4 Monate, 22 Tage.
Die für die Ermittlung der Vorversicherungszeit maßgebliche Rahmenfristhälfte läuft also in diesem Fall vom 23. 8. 1969 bis zum 15. 1. 1994.

War die Person in dieser Zeit ununterbrochen Mitglied einer gesetzlichen Krankenkasse, so ist die Vorversicherungszeit automatisch erfüllt. Liegen in der zweiten Rahmenfristhälfte jedoch Versicherungslücken vor, so müssen von den insgesamt 8902 Tagen neun Zehntel = 8011 Tage mit Mitgliedschaften zu einer gesetzlichen Kasse belegt sein.

Diese Regelung kann insbesondere Frauen zur Falle werden, die nach 1993 mit 60 ihre Rente beziehen wollen. Angenommen, sie hätten in der zweiten Hälfte des Erwerbslebens nur die Mindestzeit zur Rentenberechtigung versicherungspflichtig gearbeitet (121 Monate zwischen dem 40. und 60. Lebensjahr), so sind mit 3630 krankenversicherungspflichtigen Tagen die Bedingungen zur KVdR-Mitgliedschaft nicht einmal annähernd erfüllt. Deshalb ist genaue Rechnung, und zwar rechtzeitig vor Rentenantragstellung, nötig; eine Beratung durch die Krankenkasse oder einen privaten Rentenberater wäre sehr sinnvoll.

Für Flüchtlinge, Vertriebene (A- bzw. C-Ausweis) sowie DDR-Rentenversicherte gelten Sonderregelungen, die unverzüglich bei einer gesetzlichen Krankenversicherung nachgefragt werden sollten. Sie finden jedoch nur dann Anwendung, wenn innerhalb der letzten zehn Jahre vor Rentenantragstellung der Wohnsitz in der Alt-Bundesrepublik bzw. in Westberlin genommen wurde.

Ebenso gelten Sonderregelungen für die Bürger der fünf neuen deutschen Bundesländer nach der Vereinigung. Die Überleitungsvereinbarungen besagen, daß grundsätzlich Versicherte auch krankenversichert bleiben, ob sie nun berufstätig, arbeitslos oder berentet sind oder werden. Jedoch ist in allen Fällen dringend zu raten: keine Unterschrift, die den Verzicht auf irgendwelche Sozialleistungen beinhaltet oder hintergründig zur Folge haben könnte! In jedem Verdachtsfall Betriebsrat, Gewerkschaft oder zuständige Versicherung befragen und Zusicherungen möglichst schriftlich geben lassen. Bei unzureichenden Zusicherungen und unklaren Auskünften immer eine Krankenkasse im Alt-Bundesgebiet oder in Westberlin konsultieren oder an das Ministerium für Arbeit und Sozialordnung, Postfach 140280 in 5300 Bonn 1 schreiben (Kopie für die eigene Ablage, Einschreiben mit Rückschein).

Empfänger von Hinterbliebenenrente genießen stets Krankenversicherungsschutz in der KVdR, wenn der verstorbene Versicherte dort versichert war.

Wie kann man sich krankenversichern, wenn die Bedingungen für die Rentner-Krankenversicherung nicht erfüllt sind? Da gibt es mehrere Möglichkeiten:

- Weiterführende Mitgliedschaft in einer privaten Krankenversicherung, in der man schon zuvor versichert war.
- Weiterführende freiwillige Mitgliedschaft in einer gesetzlichen Krankenkasse, in der man schon zuvor versichert war.

Hierfür müssen aber ebenfalls Bedingungen erfüllt werden: Man muß vor dem Ausscheiden aus dem Erwerbsleben entweder binnen der letzten fünf Jahre mindestens zwölf Monate oder unmittelbar vor dem Ausscheiden ununterbrochen mindestens sechs Monate pflichtversichert oder freiwillig versichert gewesen sein. Achtung, Terminfalle! Dieser Beitritt zur freiwilligen Versicherung ist immer nur innerhalb einer Frist von drei Monaten nach Beendigung der Mitgliedschaft als Erwerbstätiger möglich!

- Ehegatten, die selbst keinen Anspruch auf Mitgliedschaft in der KVdR haben und in Rente gehen, bleiben weiterhin als Angehörige eines pflichtversicherten Berufstätigen oder Rentners mitversichert; oder sie werden mitversichert, wenn sie nicht mehr als 480 Mark monatlich hinzuverdienen.

Kann man sich von der Rentner-Krankenkasse befreien lassen? Ja. Wer die Voraussetzungen zur Mitgliedschaft in der Rentner-Krankenkasse erfüllt, kann sich innerhalb von drei Monaten vom Beginn der Mitgliedschaft in der KVdR an auf Antrag befreien lassen. Damit wird z. B. den freiwillig oder privat Krankenversicherten erleichtert, die ihnen vertrauten Versicherungen fortzusetzen. Mit der Befreiung erhalten die Rentner dann ihre durch Krankenversicherungsbeiträge zur KVdR ungekürzte Rente sowie einen Zuschuß.

Das klingt zwar sehr gut, hat aber einige Haken: Die Befreiung aus der KVdR ist unwiderruflich. Der Beitritt zu einer gesetzlichen Pflichtversicherung bei Aufnahme einer Beschäftigung während des Rentenbezugs oder bei Hinzukommen einer weiteren Rente bleibt verwehrt. Ebenso verwehrt bleibt der Krankenversicherungsschutz durch eine Familienversicherung, also z. B. über eine Mitgliedschaft des Ehegatten. Zu bedenken ist auch: Freiwillige und private Versicherungen sind grundsätzlich teurer als die KVdR.

Welche Unterschiede bestehen zwischen den Rentenversicherungen der Arbeiter und jenen der Angestellten? Grundsätzlich keine. Die gesetzlichen Grundlagen, die Beitragssätze und die sich daraus errechnenden Renten sind gleich. Unterschiedlich sind lediglich die Zuständigkeiten: Bundesversicherungsanstalt für Angestellte (BfA); Landesversicherungsanstalten für Arbeiter (LVA); Bundesbahn-Versicherungsanstalt für Bundesbahn-Arbeiter; Seekasse für alle Seeleute, von der

Mannschaft bis zum Kapitän; Bundesknappschaft für Arbeiter und Angestellte aller Bergbauunternehmen (Kohle, Kalk, Erz, Salz und andere Bodenschätze). (Adressen im Anhang ab Seite 161.)

Werden Anrechnungszeiten von den zuständigen Behörden automatisch an die Rentenversicherung gemeldet? Das Gesetz schreibt vor, daß Zeiten der Krankheit oder der Arbeitslosigkeit zugunsten der Versicherten an die jeweilige Rentenversicherung gemeldet werden sollen. Das wird im Regelfall auch geschehen, ist aber nicht hundertprozentig sicher. Es kann aber im zugesandten Rentenverlauf kontrolliert und dann bei Arbeitsamt oder Krankenkasse reklamiert werden. Sehr wichtig, daß eigene Unterlagen über solche rentenrechtserheblichen Zeiten aufgehoben werden!

Werden Zeiten aus Arbeiter- und Angestelltenversicherung zusammengezählt? Natürlich. Endgültig zuständig ist immer diejenige Rentenversicherung, bei der der letzte Beitrag gezahlt wurde (z. B. BfA oder LVA). Wer hier wie dort rentenrechtliche Zeiten hat, braucht der zuständigen Versicherung nur Mitteilung über weitere Zeiten bei einer anderen Rentenversicherungsanstalt zu machen. Die Übertragung erfolgt dann automatisch.

Was brauche ich zum Nachweis von Versicherungszeiten? Versicherungskarten und Versicherungsnachweise, Aufrechnungsbescheinigungen, Beitragsaufstellungen der BfA, der früheren RfA, der LVA, Wiederherstellungsbescheide, Bescheinigungen über bar eingezahlte oder überwiesene Beträge, Zahlkartenabschnitte, Versicherungsverläufe, Durchschriften der Versicherungskarten, Soldbücher, Arbeitsbücher, Zeugnisse.

Flüchtlinge, Übersiedler und Vertriebene weisen Versicherungszeiten nach dem Fremdrentengesetz ebenfalls durch (DDR-)Versicherungskarten, Versicherungsausweise oder

Rentenbescheide nach. (Mehr dazu in Kapitel 7 – Fremdrenten.)

Was kann man tun, wenn Originalbelege fehlen? Als Ersatzbelege geeignet sind: Anstellungsverträge, Arbeitszeugnisse, Gehaltsabrechnungen, Lohnstreifen, Lohn- und Einkommensteuerbescheide, Abschriften aus Personalakten und sonstige Arbeitgeberbescheinigungen. Im ungünstigsten Fall können Zeugenerklärungen früherer Vorgesetzter oder Kollegen sowie eigene eidesstattliche Versicherungen abgegeben werden.
Bei Ersatzbelegen entscheidet grundsätzlich der Versicherungsträger über Anerkennung bzw. Ablehnung. Bei – meist erfolgender – Anerkennung kann jedoch für Rentenzugänge bis 31. 12. 1991 ein Abzug von Zeiten erfolgen: statt jeweils zwölf Monaten werden dann nur zehn Monate angerechnet. Ab 1. 1. 1992 entfällt die zeitliche Kürzung und wird durch eine wertmäßige Kürzung der Entgeltpunkte um ein Sechstel ersetzt. Im Endergebnis kommt annähernd dasselbe heraus. Gegen den Entscheid ist Widerspruch zulässig. Wenn längere Zeiträume durch Ersatzbelege glaubhaft gemacht werden müssen, lohnt es, vor Einreichung der Unterlagen einen privaten Rentenberater zu konsultieren. Mit seiner Hilfe ist es vielleicht möglich, den Schaden zu begrenzen.

Vertriebene, Flüchtlinge, Übersiedler sollten jetzt noch möglichst schnell versuchen, für ersatzbelegte Zeiten Originalunterlagen zu beschaffen. Anlaufstellen: Personalabteilungen der ehemaligen Betriebe, ostdeutsche »Überleitungsanstalt Sozialversicherung«; das sind nur noch für 1991 (!) die Dienststellen der ehemaligen DDR-Sozialversicherung. Sie führen bis zum Ende des Jahres die Akten auch für die ehemalige DDR-Krankenversicherung und geben (soweit vorhanden) Belege aus, die früher verweigert wurden. Ab 1. 1. 1992 sind dann bundesweit BfA, LVA, Seekasse, Knappschaft und Eisenbahnerversicherung zuständig, was die Suche nach alten Belegen sicher nicht erleichtern wird.
Für Übersiedler aus dem östlichen Ausland dürfte es lohnen,

die zuständigen ausländischen Dienststellen erneut anzuschreiben, wenn früher angeforderte Belege über Versicherungszeiten verweigert wurden.

Wann sollen Belege eingereicht werden? Sobald man sie hat. Zu den weit verbreiteten Torheiten gehört die Hortung von Belegen durch die Versicherten. Die Rentenversicherer können keine Zeiten gutschreiben, von denen sie nichts wissen. Es müssen immer die Originalbelege eingereicht werden (Einschreiben mit Rückschein). Der Versicherte erhält sie nach der Datenerfassung zurück. Wenn man ganz sichergehen will, kann man von den Originalbelegen zum Selbstbehalt Fotokopien anfertigen.

Wohin sollen die Belege geschickt werden? Immer an die zuständige Rentenversicherung. Im Zweifelsfall kennen Personal- und Lohnstellen der Betriebe die richtige Adresse. Bei jedem Schreiben an die zuständige Rentenversicherung muß unbedingt die Versicherungsnummer angegeben werden. Sie befindet sich auf der linken Kopfseite des Sozialversicherungs-Nachweisheftes, das jeder Versicherte bei Aufnahme seiner ersten Erwerbstätigkeit automatisch erhält.

Wozu dient das Versicherungsnachweisheft? Es hat mehrere Aufgaben: Es dient der Anmeldung, der Jahresmeldung, der Abmeldung bei der Krankenkasse, der Rentenversicherung und zur Vorlage beim Arbeitsamt. Der Versicherte hat das Nachweisheft gegebenenfalls an den Arbeitgeber weiterzugeben, nachdem er die zweite Durchschrift des Deckblattes für sich als Ausweis über seine Versicherungsnummer herausgetrennt hat. Der Arbeitgeber leitet die Daten über das Arbeitsverhältnis betreffende renten- und krankenversicherungspflichtige Bruttoarbeitsentgelte an die zuständigen Versicherungsträger weiter. Die zur späteren Rentenberechnung erforderlichen Daten werden dort gespeichert. Der Arbeitnehmer bekommt das Heft zurück, wenn er arbeitslos wird oder die Firma wechselt.

Der Arbeitnehmer soll bei Erhalt des SVN-Heftes prüfen, ob Geburtsdatum, Seriennummer (00 bis 49 = männlich; 50 bis 99 = weiblich), Familienname, Vorname, bei Frauen Geburtsname, und Anschrift stimmen. Sind die Angaben fehlerhaft, wird das Heft mit berichtigenden Angaben an die ausstellende Versicherungsanstalt zurückgeschickt (Adresse auf der Vorderseite). Hat sich die Anschrift geändert, muß die Versicherung informiert werden. Bei Namenswechsel durch Heirat, Scheidung, Wiederheirat muß der Arbeitgeber die Versicherung informieren. Sollte der Versicherte zwei Hefte mit verschiedenen Versicherungsnummern erhalten haben, sind beide Hefte zurückzuschicken. Mehrfachbeschäftigten wird auf Anforderung für jedes Arbeitsverhältnis ein SVN-Heft mit derselben Versicherungsnummer ausgestellt.

Gibt es eine Mindestrente? Nein. Aber schon seit der Rentenreform von 1972 werden niedrige Pflichtbeiträge aus der Zeit bis 1972 auf 75 Prozent des Durchschnittsentgelts angehoben, wenn mindestens 25 Pflichtversicherungsjahre (ohne freiwillige Beiträge und Ausfallzeiten) zugrunde liegen. Bei künftigen Rentenzugängen werden nun auch niedrige Pflichtbeiträge ab 1973 und bis 1991 angehoben, wenn mindestens 35 Jahre mit rentenrechtlichen Zeiten belegt sind, also Pflicht- und freiwillige Beiträge, beitragsfreie Zeiten und Berücksichtigungszeiten wegen Kindererziehung und Pflege. Der Durchschnitt der niedrigen Pflichtbeiträge wird auf das 1,5fache, jedoch nicht mehr als 75 Prozent des Durchschnittsentgeltes angehoben.

Damit entsteht für viele ein höherer Rentenanspruch. In den Genuß der günstigeren Bewertung kommen auch die Rentner, die zwischen 1973 und 1991 in Rente gegangen sind. Sie erhalten ab 1992 einen Zuschlag zur Rente, und zwar ohne Antrag, wenn die entsprechenden Voraussetzungen vorliegen.

Wie kann man die gutgeschriebenen Versicherungszeiten kontrollieren? Alle Vordrucke des Versicherungsheftes, die als Versicherungsnachweise gelten, haben einen Durchschlag, den der Versicherte erhält. Diese Nachweise sollten gut aufgehoben werden. Mit Beginn des fünften Lebensjahrzehnts erhält der Versicherte dann von seinem Rentenversicherer einen sogenannten Versicherungsverlauf, einen Computerausdruck, der alle rentenrechtlich zählenden Zeiten enthalten soll. Der Versicherte sollte also prüfen, ob das auch tatsächlich der Fall ist, und fehlende Zeiten reklamieren – ggf. unter Beifügung von Belegen. Er bekommt dann nach einigen Monaten einen korrigierten Versicherungsverlauf.

Kann man schon vor dem Rentenfall eine Vorausberechnung bekommen? Mit Vollendung des 55. Lebensjahres erhält der Versicherte von Amts wegen neben dem Versicherungsverlauf auch eine aktuelle Rentenberechnung, die besagt, wie hoch die Anwartschaft auf Regel-Altersrente zum Zeitpunkt der Berechnung ist. Eine Vorausberechnung der Rente für den tatsächlichen Rentenfall ist nicht möglich, da ja nicht absehbar ist, wie viele Beiträge in welcher Höhe bis dahin noch eingehen werden. Der Versicherte kann jedoch selber versuchen zu errechnen, wie hoch seine Rente später ungefähr ausfallen wird (siehe Kapitel 10, Rentenberechnung, ab Seite 106). Er kann entsprechende Rechenbeispiele auch von einem privaten Rentenberater vornehmen lassen.

Auf Antrag erhalten auch jüngere Versicherte eine Auskunft über die aktuelle Rentenhöhe. Ebenso auf Antrag erhalten Versicherte auch Auskunft über die Höhe der Anwartschaft für den Fall verminderter Erwerbsfähigkeit oder welche Rente im Todesfall den Familienangehörigen zustehen würde. Diese Auskunft ist bei ernsten Krankheiten oder nach schweren Unfällen sehr wichtig. Schließlich können Versicherte, ihre Ehegatten oder geschiedene Ehegatten auch Auskunft über die Höhe ihrer auf die Ehezeit entfallenden Rentenanwartschaften erhalten, wenn dazu die gesetzlichen Bedingungen nach dem Familiengesetz (Versorgungsausgleich bei Scheidung) erfüllt sind.

Wichtig! Alle Rentenauskünfte werden nur schriftlich erteilt. Trotzdem sind sie nicht rechtsverbindlich.

Wann muß der Rentenantrag gestellt werden? Wer schon lange vor dem Rentenfall dafür sorgt, daß alle für die Rente wichtigen Zeiten nachgewiesen sind, wer die ihm zugegangenen Rentenverläufe kontrolliert hat und sie hat berichtigen lassen, der hat zunächst alles Erforderliche getan und sollte drei Monate vor dem Eintritt des Rentenfalles den Rentenantrag stellen. Damit ist gewährleistet, daß er mit hoher Wahrscheinlichkeit die erste Rente auch bereits im ersten Rentenmonat erhält.

Der Rentenantrag kann auch noch später gestellt werden; die Renten werden dann rückwirkend gezahlt. Wird die Rente jedoch mehr als drei Monate nach Ablauf des Monats beantragt, in dem die Anspruchsvoraussetzungen erfüllt sind, wird die Rente erst vom Kalendermonat der Antragstellung an gezahlt!

Wie belegt man beim Rentenantrag die letzten Monatseinkommen? Wer seine Rente drei Monate vor dem Rentenfall beantragt, kann vom Arbeitgeber eine Bescheinigung über das voraussichtliche Arbeitsentgelt bis zum Ende der Beschäftigung verlangen. Dabei sind voraussehbare beitragspflichtige Einmalzahlungen zu berücksichtigen. Wenn das Arbeitsentgelt für den vorauszubescheinigenden Zeitraum nicht vorhersehbar ist, kann es nach den durchschnittlichen Bezügen der letzten sechs Monate berechnet werden.

Wann beginnt der Rentenanspruch? Die Regel-Altersrente (65 Jahre) wird ab dem Monat nach dem 65. Geburtstag gezahlt. Andere Renten werden grundsätzlich von dem Monat an gezahlt, zu dessen Beginn die Anspruchsvoraussetzungen erfüllt sind. Befristete Renten wegen verminderter Erwerbsfähigkeit werden nicht vor Beginn des siebten Kalendermonats nach dem Eintritt der Erwerbsfähigkeitsminderung gezahlt. Da es jedoch bei Rentenansprüchen wegen Minderung der Erwerbsfähigkeit eine Anzahl von Sonderregelungen gibt, ist einem Versicherten oder Hinterbliebenen dringend zu empfehlen, immer dann eine Rentenberatungsstelle aufzusuchen, wenn er es für möglich hält, daß aus seiner persönlichen Situation ein Rentenanspruch entstehen könnte.

Müssen zum Rentenantrag weitere Unterlagen eingereicht werden? Ja. Gehen Sie deshalb rechtzeitig zu einer Rentenberatungsstelle. Dort werden Sie alle für Ihren Fall erforderlichen Auskünfte erhalten. Grundsätzlich sind Geburtsurkunden oder andere Papiere erforderlich, die einen Altersnachweis erbringen. Bei vorzeitigen Berentungen wegen Arbeitslosigkeit müssen sowohl die Arbeitslosenzeiten belegt werden als auch kontinuierliche erfolglose Bemühungen zur Erlangung einer Beschäftigung (Ablehnung von Bewerbungen). Schwerbeschädigte müssen den Behindertenausweis einreichen, wenn sie das 63. Lebensjahr noch nicht vollendet haben.
Witwer, Witwen und vor dem 30. 6. 1977 geschiedene Ehegatten müssen neben Geburts- und Heiratsurkunde je nach Fall auch noch das Scheidungsurteil und ggf. Nachweise über Unterhaltsansprüche und Unterhaltsleistungen in den letzten zwölf Monaten erbringen. Waisen müssen nach Vollendung des 18. Lebensjahres Nachweise fortdauernder Schul- oder Ausbildungszeiten erbringen sowie Belege über die Höhe eigener Einkünfte. Waisenrenten können ab 1. Januar 1992 bei fortdauernder Ausbildung unter bestimmten Voraussetzungen bis zur Vollendung des 27. Lebensjahres (bisher 25. Lebensjahr) gezahlt werden. Anspruch auf Waisenrente haben eheliche, nichteheliche, Stief-, Adoptiv- und Pflegekinder.

Haben Hinterbliebene Anspruch auf Sterbegeld? Nein. Die Rentenversicherer zahlen kein Sterbegeld. Bei der zuständigen Krankenkasse ist nachzufragen, ob von dort ein Sterbegeld gezahlt wird. Die Rente wird für den Sterbemonat voll gezahlt, endet jedoch mit dem Ende des Kalendermonats, in dem der Rentenempfänger gestorben ist. Vom Tod des Versicherten ist der Rentenversicherung Mitteilung zu machen (Todesurkunde, gebührenfrei). Womöglich weitergezahlte Renten sind rückzahlungspflichtig. Ist für die Rückzahlung kein Geld mehr auf dem Konto, müssen die Hinterbliebenen bzw. Erben für den Betrag aufkommen. Es hat keinen Zweck, die Rentenversicherung bemogeln zu wollen. Die Einwohnermeldeämter melden jeden Sterbefall. Bestattungsunternehmen erledigen auf Wunsch die Sterbemitteilung an die Rentenversicherung.

Was passiert bei Scheidung mit den Rentenansprüchen? Hier gibt es den sogenannten Versorgungsausgleich. Er wird vom Familiengericht durchgeführt. Dabei werden die in der Ehezeit erworbenen Versorgungsansprüche beider Ehegatten zusammengezählt und durch zwei geteilt. Der Eheteil mit den geringeren Ansprüchen erhält einen Ausgleich aus den höheren Ansprüchen des anderen. Beide Teile sollen, ohne Erörterung der Schuldfrage, grundsätzlich etwa gleich sein. Gezählt werden aber nur die tatsächlichen Ehejahre, nicht die Zeiten davor oder danach. Somit kann der auf die Ehezeit entfallende Anspruchsteil bis zur Hälfte dem Eheteil mit den geringeren Ansprüchen überschrieben werden. Das ist z. B. der Fall, wenn die Ehefrau während der Ehe nie gearbeitet und keinerlei eigene Ansprüche erworben hat, sei es durch freiwillige Beiträge, Anrechnungszeiten oder Kinderjahre.

Wann werden Beiträge an den Einzahler zurückgezahlt? Versicherte, die das 65. Lebensjahr vollendet haben und die für eine Regel-Altersrente erforderliche Wartezeit von 60 Kalendermonaten nicht vorweisen können, sind ab 1992 berechtigt, sich ihre gezahlten Rentenversicherungsbeiträge auf Antrag erstatten zu lassen. Sie haben allerdings auch die Möglichkeit, durch Zahlung freiwilliger Beiträge die Voraussetzungen für eine Rentenzahlung zu erfüllen.

Witwen und Witwer haben ab 1992 einen Anspruch auf Beitragserstattung, wenn aus der Versicherung des Verstorbenen mangels Erfüllung der erforderlichen Wartezeit kein Rentenanspruch erwächst. Das gleiche gilt für Waisen. Mehreren Waisen steht der Erstattungsbetrag zu gleichen Teilen zu. Halbwaisen haben nur dann einen Erstattungsanspruch, wenn weder Witwe noch Witwer vorhanden sind.

Bei Wiederheirat von Witwen und Witwern wird eine Heiratsabfindung gezahlt (mehr darüber: Kapitel 6, ab Seite 77).

Was sind eigentlich Versichertenälteste? Das sind Versicherte oder Rentner, die im Auftrag der gesetzlichen Rentenversicherungen ehrenamtlich eine Auskunfts- und Beratungstätigkeit für alle Versicherten ausüben. Sie werden von Selbstverwaltungsorganen für die Dauer von sechs Jahren gewählt und ausgebildet. Als Leute aus der Nachbarschaft sind sie nach Kräften bemüht, Fragen zu beantworten, beim Ausfüllen von Anträgen oder bei der Beschaffung von Unterlagen zu helfen. Sie sind verpflichtet, das Sozialgeheimnis zu wahren und über ihre Beratungsgespräche gegenüber Dritten zu schweigen.

Es gibt derzeit mehr als 2000 Versichertenälteste im Alt-Bundesgebiet, und in den neuen Bundesländern werden ab 1992 ebenfalls ausgebildete Helfer zur Verfügung stehen. Die Auskünfte der Versichertenältesten sind nicht »amtlich«, und es gibt auch keine Gewähr, daß sie richtig oder vollständig sind. Man kann also aus falschen oder unvollständigen Informationen durch Versichertenälteste grundsätzlich keine Haftungsansprüche gegen die Rentenversicherung oder gegen den Versichertenältesten herleiten. Komplizierte Rentenfragen sollten also nicht nur mit dem Helfer erörtert werden, obwohl dieser wertvollen Rat bei der Erörterung aller rentenrechtlichen Routinefragen geben kann.

Die Anschriften in der Nähe wohnender Versichertenältester, auch in kleineren Orten, erfährt man in Gemeindeverwaltungen, bei Krankenkassen, Versicherungsämtern, Gewerkschaften und in den Beratungsstellen der zuständigen Rentenversicherung.

Wo gibt es verbindliche Auskunft? In Rentenberatungsstellen (siehe Anhang, ab Seite 167) wird umfassend informiert. Aber rechtsverbindlich sind diese Auskünfte ebensowenig wie schriftliche Mitteilungen der Rentenversicherer. Denn auch die Auskunftsstellen können z. B. nicht wissen, ob der Anfragende alle zur vollständigen Auskunft erforderlichen Informationen und Dokumente geliefert hat.

In der Regel müssen Konsultationstermine telefonisch mit den Beratungsstellen vereinbart werden.

Wozu private Rentenberater? Sie beraten in allen Rentenfragen, führen Rentenberechnungen durch, geben Ratschläge zur Verbesserung der Rente, stellen Rentenanträge und prüfen Rentenbescheide. Zu finden sind sie unter dem Stichwort »Rentenberater« im Branchen-Telefonbuch. Für ihre Tätigkeit erheben sie Honorare, die sich nach dem Arbeitsumfang richten. Für eine Beratung mit Rentenberechnung, die man schriftlich erhält, werden etwa 300 bis 400 Mark gefordert, in komplizierten Fällen kann es teurer werden. Weitere Kosten fallen an, wenn man sie zur Beschaffung von Unterlagen, zur Ausfüllung und Einreichung der Rentenanträge und zur Kontrolle der Rentenbescheide engagiert.

Private Rentenberater behaupten, daß etwa ein Drittel aller Rentenberechnungen durch die gesetzlichen Rentenversicherungsträger falsch oder unvollständig und zu Ungunsten der Versicherten ausfielen, was von den Rentenversicherungen wiederum energisch zurückgewiesen wird. Wie dem auch sei, private Rentenberatung ist vor allem in komplizierten Fällen sehr wertvoll, und man ist bemüht, möglichst viel für den Mandanten »herauszuholen«.
Unverzichtbar sind Rentenberater immer dann, wenn sich der Ratsuchende bei seiner Versicherung in bestimmten Fragen nicht vorschnell offenbaren will, etwa weil er »klammheimlich« bereits im Ausland lebt oder weil er fürchtet, mit dürftigen Unterlagen Nachteile zu erleiden. Zugelassene private Rentenberater unterliegen der Schweigepflicht und dürfen Offenbarungen ihrer Klienten in keinem Fall weitergeben, auch nicht an die Rentenversicherungen.

Private Rentenberater stehen, begrenzt auf Rentenfragen, rechtlich etwa Anwälten oder Steuerberatern gleich. Als vereidigte Sachverständige werden sie niemals zu Handlungen ermutigen, die gegen Gesetze verstoßen, und sie werden keine Rentenanträge weiterleiten, die unrichtig sind. Sie haften gleichermaßen gegenüber der Versicherung und ihren Auftraggebern für die Richtigkeit und Vollständigkeit eingereichter Unterlagen. Bei Verletzung der Sorgfaltspflicht kann gegen sie vorgegangen werden. Für den Fall, daß sie schadenersatzpflichtig werden, sind private Berater jedoch haftpflichtversichert.

4 Dieses Kapitel geht alle Selbständigen an

Im Unterschied zu Arbeitnehmern, also Arbeitern und Angestellten, können Selbständige über ihre Arbeitskraft selbst verfügen und ihre Tätigkeit selbst gestalten. Sie tragen allerdings auch allein das Risiko, mit ihren Unternehmungen Schiffbruch zu erleiden, sei es durch Veränderungen der allgemeinen wirtschaftlichen Situation, eigene Fehler, Krankheit, Unfall usw. Als der Gesetzgeber die Entscheidung traf, für bestimmte selbständige Berufsgruppen die Versicherungspflicht einzuführen, ging er von der Erfahrung aus, daß viele kleine Selbständige, insbesondere Freiberufler ohne Mitarbeiter und kleine Handwerker, in früheren Zeiten oft über keine oder eine nur unzureichende Renten- und Krankenversorgung für die Wechselfälle des Lebens verfügten und mit ihren Angehörigen in Notlagen gerieten bzw. der Sozialhilfe anheimfielen.

Das Angestelltenversicherungsgesetz (AVG) unterscheidet zwei Gruppen selbständiger Erwerbstätiger:
1. Die kraft Gesetzes versicherungspflichtigen Selbständigen.
2. Die auf Antrag versicherungspflichtigen Selbständigen.

Zur ersten Gruppe (Versicherungspflicht kraft Gesetzes) gehören ab 1. 1. 1992:
- selbständige Lehrer und Erzieher, die in Zusammenhang mit ihrer selbständigen Tätigkeit keinen versicherungspflichtigen Arbeitnehmer beschäftigen, z. B. Fahrlehrer, Reitlehrer, Krankengymnasten, Musik- oder Kunstlehrer;
- Selbständige Pflegepersonen, die in Kranken-, Wochen-, Säuglings- oder Kinderpflege tätig sind und keinen versicherungspflichtigen Arbeitnehmer beschäftigen (staatliche Prüfungen sind hierbei kein Abgrenzungsmaßstab);
- Hebammen und Entbindungspfleger;

- Seelotsen (nach dem Seelotsengesetz);
- Künstler und Publizisten nach besonderen Bestimmungen des Künstlersozialversicherungsgesetzes;
- Hausgewerbetreibende (selbständige Heimarbeiter);
- Küstenschiffer und Küstenfischer, die zur Besatzung ihres Fahrzeuges gehören oder ohne Fahrzeug fischen und regelmäßig nicht mehr als vier versicherungspflichtige Arbeitnehmer beschäftigen;
- Handwerker, die in die Handwerksrolle eingetragen sind (außer §§ 2 bis 4 der Handwerksordnung). Bei Personengesellschaften, die in die Handwerksrolle eingetragen sind, gilt als Handwerker, wer als Gesellschafter die Voraussetzungen für die Eintragung in die Handwerksrolle erfüllt. Eine Ausnahme gilt für diejenigen Handwerker, die am 31. 12. 1991 aufgrund eines Lebensversicherungsvertrags versicherungsfrei waren. Sie bleiben auch danach in dieser selbständigen Tätigkeit von der Versicherungspflicht befreit.

Zur zweiten Gruppe (Versicherungspflicht auf Antrag) gehören jene Personen, die nicht nur vorübergehend selbständig tätig sind und ihre Versicherungspflicht innerhalb von fünf Jahren nach Aufnahme der selbständigen Tätigkeit oder am Ende einer Versicherungspflicht kraft Gesetzes aufgrund dieser Tätigkeit beantragen.

Die Worte »kraft Gesetzes« bedeuten, daß für diese Berufe die Versicherungspflicht grundsätzlich vorgeschrieben ist. Die betroffenen Personengruppen haben also keine Wahl, ob sie in der Solidargemeinschaft der gesetzlich Rentenversicherten Schutz suchen oder sich lieber anderweitig, beispielsweise – vermeintlich besser – privat versichern wollen.

Die Worte »Versicherungspflicht auf Antrag« bedeuten, daß sehr wohl ein Wahlrecht zwischen gesetzlicher und privater Versicherung besteht. Wird jedoch der Antrag auf Pflichtversicherung gestellt, so sind die betroffenen Personengruppen grundsätzlich den Versicherungspflichtigen kraft Gesetzes gleichgestellt. Die Beitragsberechnung kann sowohl mit als auch ohne einen Nachweis über das tatsächliche Arbeitseinkommen erfolgen; das ist besonders wichtig für die ersten drei Jahre nach der Aufnahme der selbständigen Tätigkeit (darum vorher unbedingt beim privaten Rentenberater informieren).

Können sich selbständige Handwerker von der Versicherungspflicht befreien lassen? Ja, aber erst dann, wenn sie mindestens 18 Pflichtbeitragsjahre erreicht haben. Die Befreiung wirkt vom Beginn des Kalendermonats nach Vollendung des 18. Pflichtbeitragsjahres, wenn der Antrag binnen drei Monaten gestellt wird, ansonsten erst ab Antragseingang.

Läßt sich der Handwerker nach seiner Befreiung von der Versicherungspflicht aus der Handwerksrolle löschen und später erneut eintragen, so tritt wieder Versicherungspflicht ein. Es steht ihm jedoch frei, erneut einen Befreiungsantrag zu stellen. Ausnahme: Bezirksschornsteinfegermeister sind nicht berechtigt, sich befreien zu lassen.
Die geschilderten Vorschriften gelten ab 1. Januar 1992.

Was soll denn diese Pflichtversicherung für Selbständige überhaupt? Mit der Pflichtversicherung wird grundsätzlich eine Minimalrente für das Alter erreicht, ferner eine Rente mit Zurechnungszeiten bis zum 60. Lebensjahr bei vorzeitiger Invalidität sowie eine Hinterbliebenenrente für Witwen und Waisen im Todesfall des Versicherten.

Lohnt es, die Pflichtversicherung auf Antrag fortzusetzen, wenn die Versicherungspflicht kraft Gesetzes gekündigt werden kann? Grundsätzlich ja. Deshalb endet auch die Pflichtversicherung für Handwerker nicht mehr automatisch nach 18 Jahren, sondern nur auf Antrag.

Was wird aus der seit 1962 bestehenden Handwerkerversicherung? Das seit 1962 in der Arbeiterrentenversicherung geltende Handwerker-Versicherungsgesetz wird per 1. 1. 1992 aufgehoben. Gleichzeitig wird die Versicherung der in der

Handwerksrolle eingetragenen selbständigen Handwerker im Sechsten Buch des Sozialgesetzbuchs geregelt. Hierbei fallen die geltenden Besonderheiten hinsichtlich Begrenzung der Pflichtversicherung, Beginn und Ende der Versicherungspflicht sowie der regelmäßigen und in ihrer Höhe abweichenden Beitragszahlung weg. Handwerker werden von ihren Handwerkskammern rechtzeitig über die sie betreffenden Pflichten informiert. Jedoch wird dringend empfohlen, sich in jedem Zweifelsfall noch vor dem Stichtag 1. 1. 1992 an die zuständige Kammer oder an seinen Steuerberater zu wenden.

Wie hoch sind die Beiträge für Handwerker? Die Beiträge werden ohne Nachweis des tatsächlichen Arbeitseinkommens nach der sogenannten Bezugsgröße berechnet. Hierbei handelt es sich um einen Betrag, der entsprechend dem durchschnittlichen Arbeitsentgelt aller Versicherten (Angestellte und Arbeiter) jährlich ermittelt wird. Bis zum Ablauf von drei Kalenderjahren nach dem Jahr der Aufnahme der selbständigen Tätigkeit kann diese Beitragsberechnung auf Antrag ohne Einkommensnachweis halbiert werden. Diese Erleichterung soll die Liquidität junger Handwerksunternehmen stützen.

Bei Nachweis eines unter oder über dem Durchschnitt liegenden Arbeitseinkommens kann die Beitragsberechnung auf Antrag des Handwerkers auf das tatsächliche Arbeitseinkommen abgestellt werden. Der Nachweis ist durch Bescheinigung des Steuerberaters über die Höhe des voraussichtlichen Arbeitseinkommens (Gewinn) zu erbringen. Hat der Handwerker keinen Steuerberater, kann er den voraussichtlichen Gewinn – gewissenhaft – selbst einschätzen. Auf Verlangen der Rentenversicherung hat er das geschätzte Einkommen durch Vorlage von Buchführungsunterlagen zu belegen. Ausnahme: Bezirksschornsteinfegermeister können keinen Beitrag unter dem Durchschnittsbeitrag und in den ersten drei Jahren auch keinen halbierten Beitrag leisten. Der Vorteil höherer Beiträge besteht in einer entsprechend höheren Rente.

Gilt das alles auch für Alleinhandwerker? Grundsätzlich ja. Jedoch kommen einige Sonderregelungen hinzu: Für Alleinhandwerker, die ab 1992 erstmals oder nach Unterbrechung erneut selbständig tätig werden und außer Lehrling und Ehegatten keine versicherungspflichtigen Arbeitnehmer beschäftigen, gibt es ab 1. 1. 1992 keine beitragsrechtlichen Vergünstigungen mehr. Sie können nur bei Nachweis ihres tatsächlichen Gewinns eine niedrigere Beitragszahlung erreichen.

Leider wird die Sache für Alleinhandwerker noch etwas komplizierter. Das Recht zur zweimonatigen Beitragszahlung wird ab 1. 1. 1992 abgeschafft; nachfolgende Zahlungen müssen monatlich erfolgen. Gleichzeitig erhalten diejenigen, die bis Ende 1991 zweimonatige Beitragszahlung leisten, dann doch wieder das Sonderrecht, ohne Nachweis des tatsächlichen Arbeitseinkommens einen niedrigeren Beitrag, mindestens jedoch die Hälfte des Durchschnittsbeitrages, zu entrichten.

Diejenigen, die von der Zweimonats-Beitragszahlung bis 1991 keinen Gebrauch machen und ab 1992 kontinuierlich so verfahren, können ohne Nachweis des tatsächlichen Arbeitseinkommens sogar einen Beitrag von nur 40 Prozent des Durchschnittsbeitrags leisten, wenn sie und solange sie im jeweils letzten Steuerbescheid Jahreseinkünfte aus Gewerbebetrieb (vor Abzug von Sonderausgaben und Freibeträgen) von weniger als 50 Prozent der Bezugsgröße nachweisen.

Alleinhandwerker, die 1991 sowohl zweimonatige Beitragszahlung leisten als auch von niedrigeren Beitragszahlungen Gebrauch machen, können ab 1992 ohne Nachweis weiterhin niedrigere Beiträge, mindestens jedoch 20 Prozent des Beitrags leisten, der sich aus der Bezugsgröße ergibt.

Entsprechende Anträge für alle Sonderrechte müssen spätestens bis 30. 6. 1992 gestellt sein. Die Nutzung der Möglichkeiten zur Zahlung niedrigerer Beiträge zur Rentenversicherung sollte mit dem Steuerberater schon vor Ablauf des Jahres 1991 besprochen werden. Dabei muß abgewogen werden, ob entweder die Einsparung von Ausgaben oder die Erzielung höherer Rentenansprüche Vorrang haben soll.

Wie errechnen sich Beiträge für Handwerker, die gleichzeitig noch als Arbeitnehmer beschäftigt sind? Wer sowohl als selbständiger Handwerker als auch als Arbeitnehmer beschäftigt ist, unterliegt ab 1992 für beide Tätigkeiten der Rentenversicherungspflicht. Dabei besteht die Versicherungspflicht als selbständiger Handwerker jedoch nur so lange, wie die Tätigkeit auch tatsächlich weiter ausgeübt wird.

Handwerker, die am 31. 12. 1991 eine Arbeitnehmerbeschäftigung ausüben und deshalb in ihrer selbständigen Tätigkeit nach dem bis dahin geltenden Recht versicherungsfrei sind, werden auch ab 1992 nicht in die Rentenversicherungspflicht einbezogen. Sie bleiben also, solange sie als Arbeitnehmer tätig sind, als Handwerker versicherungsfrei. Das Sonderrecht lebt nicht wieder auf, wenn der Handwerker nach 1991 eine Arbeitnehmerbeschäftigung aufgibt und später wiederaufnimmt.

Wann kann man auf Antrag versicherungspflichtig werden? Die Antragsfrist von bisher zwei Jahren nach Aufnahme einer selbständigen Tätigkeit bzw. nach dem Ende einer vorherigen Pflichtversicherung aufgrund dieser Selbständigkeit wird ab 1992 auf fünf Jahre verlängert. Das bringt vor allem für diejenigen einen Vorteil, die die zweijährige Antragsfrist versäumt haben und 1992 noch keine fünf Jahre selbständig sind. Für sie tritt ab 1. 1. 1992 erneut ein Antragsrecht ein.

Für Personen, die am 31. 12. 1991 selbständig und bis dahin nicht berechtigt sind, die Versicherungspflicht zu beantragen, beginnt die fünfjährige Antragsfrist erst mit dem 1. 1. 1992. Hierdurch bekommen alle diejenigen eine Möglichkeit zur Mitgliedschaft, denen die Antragspflichtversicherung zuvor versagt war – z. B. Handwerkerwitwen, die den Handwerksbetrieb weiterführen und bisher nicht rentenversicherungspflichtig waren.

Wie sind freiberufliche Künstler und Journalisten versichert? Sie sind grundsätzlich nach dem Künstler-Sozialversicherungsgesetz (KSVG) pflichtversichert. Zuständige Versicherungsträger sind für die Rentenversicherung die Bundesversicherungsanstalt für Angestellte (BfA) in Berlin, für den Bereich der Krankenversicherung die Ortskrankenkassen oder Ersatzkassen. Die Künstler-Sozialkasse, Postfach 669, 2940 Wilhelmshaven, ist Einzugsstelle für die Versicherungsträger und informiert den Personenkreis über Rechte, Pflichten und Gestaltungsmöglichkeiten der Renten- und Krankenversicherung.

Wer ist selbständiger Künstler oder Publizist im Sinne des Gesetzes? Künstler im Sinne des Gesetzes ist, wer Musik, darstellende oder bildende Kunst erwerbsmäßig und nicht nur vorübergehend selbständig schafft, ausübt oder lehrt. Publizist ist, wer als Schriftsteller, Journalist oder in anderer Weise publizistisch erwerbsmäßig selbständig tätig ist. Nebenberufliche künstlerische oder publizistische Tätigkeiten werden durch das KSVG für Beamte nicht erfaßt, für Angestellte oder Arbeiter nur, soweit die Bemessungsgrenze für die Rentenversicherung in der abhängigen Tätigkeit nicht erreicht wird, und niemals für die Krankenversicherung.

Die selbständige Tätigkeit muß ausschließlich im Inland erfolgen. Der Künstler/Publizist darf nicht infolge eines nur geringfügigen Einkommens versicherungsfrei sein (Ausnahme: Berufsanfänger). Es darf nicht mehr als ein Arbeitnehmer mit künstlerischen oder publizistischen Aufgaben beschäftigt werden, es sei denn, die Beschäftigung erfolgt zur Berufsausbildung oder ist geringfügig. Dagegen ist es möglich, mehrere Hilfskräfte (z. B. Sekretärinnen, Putzkräfte) oder mehrere Arbeiter/Angestellte zu beschäftigen, die nichts mit dem künstlerischen/publizistischen Beruf zu tun haben (z. B. Schriftsteller beschäftigt Arbeiter auf seinem Bauernhof).

Es gibt eine Vielzahl von Grenzfällen, in denen die Künstlersozialkasse über die Zugehörigkeit zum definierten Personenkreis entscheiden muß. Beispiele: Wer Bücher oder Artikel aus fremden Sprachen übersetzt, ist Publizist. Wer Dokumente für Personen, Betriebe, Verwaltungen übersetzt, ist kein Publizist. Wer unternehmerisch frei Zeitverträge über Gastspiele schließt, ist Künstler. Wer als Pianist in der Hotelbar angestellt ist, ist nicht Künstler im Sinne dieses Gesetzes. In jedem Fall gibt die Künstlersozialkasse Auskunft, ob und wieweit die Bedingungen zur Zugehörigkeit des Personenkreises selbständiger Künstler und Publizisten erfüllt werden.

Können selbständige Künstler und Publizisten auch Arbeitslosenunterstützung bekommen? Nein. Das Künstler-Sozialversicherungsgesetz gibt selbständigen Künstlern und Publizisten bei Vorliegen der aufgezählten Voraussetzungen Versicherungsschutz für Kranken- und Rentenversicherung, nicht aber für den Fall der Arbeitslosigkeit. Sie zahlen daher auch keine Arbeitslosenversicherungsbeiträge. Die Gewährung von Arbeitslosenunterstützung widerspricht grundsätzlich dem Kriterium der Selbständigkeit (Unternehmerrisiko wird selbst getragen).

Dürfen Selbständige zusammenarbeiten, ohne den Versicherungsschutz zu verlieren? Selbstverständlich. Selbständige Künstler/Publizisten dürfen Honoraraufträge an andere weitergeben, solange nicht durch regelmäßige Auftragsvergabe damit ein Anstellungsverhältnis unterlaufen wird. Sie dürfen auch in Bürogemeinschaft, gelegentlich sogar in Arbeitsgemeinschaft gemeinsam an einem gemeinsamen Objekt schaffen, wenn jeder dabei auf eigene Rechnung arbeitet, sein eigenes Unternehmerrisiko trägt und nach Ort, Zeit und Dauer seine Arbeit frei gestalten kann. Bei der Bürogemeinschaft oder einem gemeinsamen Atelier wird es wesentlich auf finanzielle und örtliche Abgrenzungen ankommen, weil das KSVG unter anderem eine »eigene Betriebsstätte« als Kriterium ansieht.

Wie hoch sind die Beiträge für Künstler/Publizisten? Die Beiträge der berechtigten Personen zur Kranken- und Rentenversicherung richten sich genau wie bei Arbeitern und Angestellten grundsätzlich nach dem Jahresentgelt. Anders als bei Arbeitern und Angestellten beruhen die Monatsbeiträge aber auf einer Vorausschätzung des jährlichen Arbeitseinkommens. Diese ist verbindlich und kann nur für die Zukunft geändert werden. Wie das im Detail funktioniert, erfragen Künstler und Publizisten bei der Künstlersozialkasse und beraten es am besten zusätzlich mindestens einmalig – bei Eintritt in die Künstlersozialkasse – mit einem Steuerberater. Der ganz wesentliche Vorteil der KSV besteht darin, daß die Hälfte der Beiträge aus Zuschüssen des Bundes und der Künstlersozialabgabe der »Verwerter« künstlerischer Werke (Verleger, Bibliotheken, Theater, Galeristen usw.) eingezahlt wird.

Haben selbständige Künstler/Publizisten Kuranspruch? Ja. Als Pflichtversicherte haben sie bei ärztlich bescheinigter Gefährdung oder Minderung der Erwerbsfähigkeit Anspruch auf medizinische Rehabilitation. Das sind Kuren in Kuranstalten der Rentenversicherungsträger mit dem Ziel, den drohenden Verlust der Erwerbsfähigkeit nach dem Grundsatz zu verhüten: Rehabilitation geht vor Rente.

Werden auch die Renten der Künstler/Publizisten jährlich erhöht? Ja. Als Pflichtversicherte stehen sie den Rentenregelungen für Arbeiter und Angestellte in keinem Punkt nach.

Welche Rentenarten kommen für selbständige Künstler/Publizisten in Frage? Alle Rentenarten, die auch für andere Pflichtversicherte in Frage kommen: Renten wegen Erwerbsminderung, Altersruhegelder ab 60, ab 63 unter entsprechenden Voraussetzungen, Regel-Altersruhegeld ab 65, Witwen- bzw. Witwerrente und Waisenrente an Hinterbliebene (Details zu Rentenarten siehe unter den entsprechenden Stichworten).

Kann man versäumte Versicherungsjahre nachzahlen? Nein. Wenn auf einen selbständigen Künstler/Publizisten die Voraussetzungen des Versicherungsschutzes zutreffen, ist es seine eigene Sache, sich bei der Künstlersozialkasse unverzüglich zu melden. Rückwirkende Beiträge zur Rentenversicherung können deshalb nicht geleistet werden. Ein Versicherungsverhältnis bei der KSK beginnt mit der Antragstellung, wenn die Voraussetzungen gegeben sind. Das gilt sowohl für die Renten- wie für die Krankenversicherung. Fehlt es bei der Antragstellung an Unterlagen, die über die Versicherungspflicht entscheiden, beginnt das Versicherungsverhältnis spätestens mit dem Tag des Bescheids, mit dem die KSK die Versicherungspflicht feststellt.

Werden Künstler/Publizisten bestraft, die ihrer Versicherungspflicht nicht nachkommen? Nein. Das Künstler-Sozialversicherungsgesetz legt zwar die Pflicht auf, sich bei der Künstlersozialkasse zu melden. Der Gesetzgeber verzichtet aber auf Bußgelder oder Strafen gegen diejenigen Künstler und Publizisten, die sich der Versicherungspflicht entziehen. Sie schaden sich ganz überwiegend selber: Sie erhalten keine Zuschüsse (immerhin 50 Prozent der Pflichtbeiträge) zu etwaigen privaten Renten-, Lebens- oder Krankenversicherungen. Sie erhöhen nicht ihre Rentenansprüche aus etwaigen vorhergehenden Pflichtversicherungszeiten. Sie verstellen sich womöglich die Möglichkeiten zu vorzeitigen Berentungen und gefährden Rentenleistungen an Hinterbliebene im Todesfall. Und sie können, falls sie sich später anders besinnen, erst vom Zeitpunkt der Meldung an den Versicherungsschutz in Anspruch nehmen.

5 Zeiten der Kindererziehung und der Pflege alter oder kranker Menschen

Grundsätzlich werden Zeiten der Kindererziehung seit 1986 bei der Rente berücksichtigt. Zeiten der Pflege eines pflegebedürftigen alten oder kranken Menschen werden ab 1. 1. 1992 bei der Rente berücksichtigt. »Berücksichtigt« heißt in beiden Fällen: Den erziehenden oder pflegenden Personen wird eine Anzahl von Monaten oder Jahren für die Rente gutgeschrieben, ohne daß sie Renteneinzahlungen zu leisten hätten. Der Gesetzgeber verfolgt damit das Ziel, erziehende oder pflegende Personen sozial besser abzusichern und Benachteiligungen gegenüber Berufstätigen zu mildern.
Wie immer sind die sozialen Maßnahmen an eine Vielzahl von Voraussetzungen gebunden, die erfüllt sein müssen, um in den Genuß der Erziehungs- oder Pflegezeiten zu kommen.

Wer ist überhaupt berechtigt, Zeiten wegen Kindererziehung geltend zu machen? Zunächst einmal berechtigt jede Geburt eines Kindes in Vergangenheit und Zukunft, einen Antrag auf Berücksichtigung von Kindererziehungszeiten zu stellen. Zuständige Anlaufstelle ist immer diejenige gesetzliche Rentenversicherung, bei der der letzte Beitrag gezahlt worden ist, oder eine der vielen örtlichen Rentenauskunftsstellen (siehe Anhang ab Seite 161).

Was können Mütter erwarten, die den Jahrgängen vor 1921 angehören? Mütter dieser Jahrgänge erhalten, soweit sie die Anträge gestellt haben, bereits ein sogenanntes »Babygeld«, soweit es sich um Rentenbezieherinnen handelt. Besonders wichtig ist aber der Hinweis, daß auch diejenigen Mütter der Jahrgänge vor (!) 1921, die keine Rente beziehen, dieses Babygeld bekommen. Die Mütter der Jahrgänge vor 1921, die noch keinen Antrag gestellt haben, können das nachholen. Ihre Ansprüche werden rückwirkend gutgeschrieben, und zwar für Mütter der Geburtsjahrgänge

vor 1907	ab 1. 10. 1987
von 1907 bis 1911	ab 1. 10. 1988
von 1912 bis 1916	ab 1. 10. 1989
von 1917 bis 1920	ab 1. 10. 1990

Der Antrag muß innerhalb von vier Jahren nach der Entstehung des Anspruchs gestellt werden, um den vollen Betrag rückwirkend zu erhalten. Für Mütter der Jahrgänge vor 1907 ist also Stichtag der 31. 12. 1991; für Mütter der Jahrgänge 1907 bis 1911 ist Stichtag der 31. 12. 1992 usw. Stellt zum Beispiel eine Mutter des Jahrgangs 1906 ihren Antrag erst im Verlauf des Jahres 1992, so erhält sie die Leistung erst ab 1. Januar 1988. Gerechnet wird also immer vier Jahre zurück, und zwar ohne das Jahr der Antragstellung.

Im Gegensatz zu den Müttern der Jahrgänge ab 1921 sind diese »Leistungen für Kindererziehung« unter keinen Umständen auf die Väter übertragbar.

Welche Ansprüche haben Mütter der Jahrgänge ab 1921? Zeiten der Kindererziehung werden in der gesetzlichen Rentenversicherung als Versicherungszeiten so angerechnet, als seien dafür Beiträge gezahlt worden. Pro Kind werden die ersten zwölf Kalendermonate angerechnet, wenn das Kind in dieser Zeit im Inland erzogen wurde. Derzeit erhöht jedes »Babyjahr« die Rente um ca. 30 Mark monatlich. Diese Rentenanteile sind an der jährlichen Rentenanpassung beteiligt.

Das Jahr wird voll angerechnet, wenn das Kind in den ersten zwölf Monaten nicht gestorben ist. Ist der Tod innerhalb des ersten Lebensjahres eingetreten, wird die Kindererziehungszeit nach den Monaten berechnet, in denen das Kind gelebt hat. Ob das Kind nach Ablauf der ersten zwölf Erziehungsmonate gestorben ist, spielt für die Gewährung der Leistung keine Rolle. Es interessiert auch nicht, ob das Kind später ins Ausland verzogen ist.

Rechtzeitig vor Berentung geht jeder Frau ein Fragebogen zu, um Ansprüche auf Zurechnung von Zeiten der Kindererziehung sicherzustellen.

Statt der leiblichen Mutter kann die Zeit unter bestimmten Voraussetzungen auch dem Vater zugerechnet werden (siehe hierzu weiter unten). Den Begünstigten sind Adoptiv-, Stief- und Pflegeeltern gleichgestellt, wenn das Kind mit diesen Personen häuslich und – in der Anspruchszeit – dauerhaft verbunden war.

Tagesmütter sowie Personen, die eine private Pflegestelle oder Kinderkrippe betreiben, sind von dem Anspruch ausgeschlossen. Beamte, da anderweitig gesichert, sind von der Anrechnung ebenfalls ausgenommen.

Die Erziehungszeit wird grundsätzlich der Mutter angerechnet, dem Vater nur dann, wenn die Eltern hierüber eine von beiden unterschriebene Erklärung abgeben. Für Erziehungszeiten vor 1986 ist zusätzlich die glaubhafte Erklärung des Vaters erforderlich, daß das Kind in dieser Zeit überwiegend von ihm erzogen wurde. Die Erklärungen müssen spätestens bis 31. 12. 1993 eingereicht sein.

Bei Erziehungszeiten ab 1986 müssen die Eltern bis zum Ablauf des dritten Monats nach der Geburt eine gemeinsame Erklärung abgeben, wenn sie wünschen, daß die Erziehungszeit dem Vater gutgeschrieben wird. Die Erklärung ist unwiderruflich. Wird die Frist nicht eingehalten, verbleibt die Erziehungszeit immer bei der Mutter.

Ist es denn nicht egal, ob die Erziehungszeit der Mutter oder dem Vater gutgeschrieben wird? Nein. Denn die Erziehungszeit schlägt bei der Rente nur dann zu Buche, wenn der Erziehende im ersten Lebensjahr des Kindes kein beitragspflichtiges Einkommen oder ein beitragspflichtiges Einkommen von weniger als 75 Prozent des durchschnittlichen Einkommens aller Versicherten hatte. Grob vereinfacht: Wer im ersten Lebensjahr des Kindes am wenigsten verdient hat, sollte den Antrag stellen. Der Vater sollte z. B. auf keinen Fall die Erziehungszeit durch gemeinsame Erklärung für sich beantragen, wenn er während des »Babyjahres« ohne Unterbrechung versicherungspflichtig gut verdient hat, während die Mutter zu Hause war. In jedem Zweifelsfall sollte dazu bei den Auskunftsstellen oder bei einem Steuer- oder Rentenberater Rat eingeholt werden.

Wie wird gerechnet, wenn mehrere Kinder gleichzeitig aufwachsen? Ein volles Erziehungsjahr für jedes Kind wird auch dann angerechnet, wenn z. B. Zwillinge geboren werden. In diesem Fall werden also zwei Erziehungsjahre gutgeschrieben. Eine Verlängerung um ein volles Jahr erfolgt auch, wenn beispielsweise innerhalb des ersten Erziehungsjahres ein zweites Kind geboren wird. Für jedes Kind wird der Mutter also immer ein volles Rentenjahr gutgeschrieben.

Werden »Babyjahre« auch denjenigen Müttern angerechnet, die sich bei Heirat ihre Ansprüche auszahlen ließen? Ja. Frauen, die sich bei Heirat ihre erworbenen Rentenanrechte auszahlen ließen, können für diese Zeiten Beiträge nachentrichten und damit ihre Rentenansprüche wiederbeleben. Ab 1. 1. 1992 können Nachzahlungen in Form freiwilliger Beiträge (nun auch ohne vorhergehende zweijährige Pflichtbeitragszeit) geleistet werden. Der Antrag kann allerdings nur bis 31. 12. 1995 gestellt werden, danach entfällt diese Möglichkeit. Wieweit sich eine Nachzahlung im Einzelfall rechnerisch wirklich lohnt, kann am besten ein privater Rentenberater ermitteln.

Auch frühere Beamtinnen, die wegen Heirat aus dem Beamtenverhältnis ausgeschieden sind und eine Abfindung in Anspruch genommen haben, können bis zum 31. 12. 1995 freiwillige Beiträge nachzahlen. Vom Recht auf Nachzahlung ausgeschlossen sind alle Frauen über 65, aktive Beamtinnen und Ruhestandsbeamtinnen.

Entstehen auch Ansprüche, wenn das Kind im Ausland geboren wurde? Zunächst ist die Anerkennung eines Erziehungsjahres auf Wohnsitz im Geltungsbereich des Sozialgesetzbuches begrenzt. Das ist größtenteils bis zum 31. 12. 1991 das Gebiet der Alt-Bundesrepublik ohne die neuen Bundesländer und Ost-Berlin. Ab 1. 1. 1992 gilt das Sozialgesetzbuch auch für die Bürger der neuen Bundesländer Sachsen, Sachsen-Anhalt, Thüringen, Mecklenburg-Vorpommern, Brandenburg und Ost-Berlin.

Flüchtlinge und Übersiedler aus der ehemaligen DDR sowie Vertriebene stehen im Sinne des Bundesvertriebenengesetzes den inländischen Versicherten gleich. Wurden z. B. Kinder von Flüchtlingen in der damaligen DDR geboren, gilt der Anspruch auf Zurechnung von Kindererziehungszeiten uneingeschränkt. Ebenso steht Erziehung im Ausland der Inlandserziehung gleich, wenn der Erzieher oder sein Ehegatte unmittelbar vor der Geburt des Kindes oder während der Kindererziehung nach inländischem Recht versicherungspflichtig war.

Wie werden die Erziehungszeiten bewertet? Die Zeit wird so angerechnet, als habe der Berechtigte im Erziehungsjahr 75 Prozent des Durchschnittsverdienstes aller Versicherten erhalten und entsprechende Pflichtbeiträge geleistet. Das gilt jedoch nur dann, wenn er neben den Erziehungszeiten nicht gleichzeitig auch noch durch Berufstätigkeit versicherungspflichtig war. Bei Verdiensten unterhalb 75 Prozent des Durchschnittsverdienstes erfolgt eine rechnerische Zulage bis zu diesen 75 Prozent. Die Erziehungszeit wirkt sich folglich nicht mehr aus, wenn in der gleichen Zeit Einkommen erzielt wurden, die oberhalb von 75 Prozent des Durchschnittsverdienstes lagen. Trifft ein solcher Verdienst nur für eine Teilzeit des Kindererziehungsjahres zu, so erfolgen die Zurechnungen – mit unterschiedlicher Bewertung – nach Monaten.

Wie werden Kindererziehungszeiten für Geburten ab 1. Januar 1992 angerechnet? Bei Kindern, die ab 1. 1. 1992 geboren werden, wird die Kindererziehungszeit auf die ersten drei Jahre verlängert. Den Berechtigten werden dann also statt bisher zwölf 36 Monate der Rente gutgeschrieben, wenn die übrigen, gleichgebliebenen Voraussetzungen erfüllt sind. Bei gleichzeitiger Erziehung mehrerer Kinder werden auch hierbei die Verlängerungszeiten angerechnet, also z. B. bei Zwillingen 72 Monate statt 36 Monate. Das gilt aber, wie gesagt, erst für Geburten ab 1. 1. 1992. Für Geburten vor diesem Termin gilt weiterhin nur ein Erziehungsjahr pro Kind.

Kann diese verlängerte Erziehungszeit unter den Eltern aufgeteilt werden? Ja. Die Zeit kann durch übereinstimmende Erklärung(en) aufgeteilt werden, sobald der andere Elternteil die Erziehung während der Erziehungszeit übernimmt. Rückwirkende Erklärungen sind jedoch nur bis zu zwei Kalendermonaten möglich. Das bedeutet, daß die Erklärung grundsätzlich unverzüglich beim Wechsel des Erziehenden abgegeben werden muß. Ein Wechsel kann während der Erziehungszeit mehrfach erfolgen. Solche Wechsel machen immer dann einen Sinn, wenn der zur Zeit Erziehende nicht oder nur geringfügig versicherungspflichtig beschäftigt ist.

Gibt es weitere Vergünstigungen für Zeiten der Kindererziehung? Ja. Wenn die Voraussetzungen für die Anrechnung von Kindererziehungszeiten (ein Jahr bzw. drei Jahre pro Kind) erfüllt sind, kann – bei Weiterbestehen derselben Voraussetzungen – zusätzlich eine sogenannte Berücksichtigungszeit in den Rentenverlauf eingetragen werden. Das sind maximal zehn Erziehungsjahre, die von der Geburt eines Kindes an gezählt werden. Solche Zeiten wirken sich günstig auf beitragsfreie und beitragsgeminderte Zeiten aus. Die negative Wirkung von Lücken im Versicherungsverlauf wird reduziert.

Die Neuregelung hat z. B. zur Folge, daß eine Frau, die ein noch nicht zehn Jahre altes Kind erzieht und bisher zur Aufrechterhaltung ihres Invaliditätsschutzes monatlich über 100 Mark zahlen mußte, ab 1. 1. 1992 bis zum zehnten Kindesgeburtstag davon befreit ist und dadurch bis zu 6000 Mark sparen kann (Entsprechendes gilt auch für Zeiten der Pflege alter und kranker Personen).

Eine wesentliche Rolle spielen die neu eingeführten Berücksichtigungszeiten bei vorzeitiger Berentung wegen Erwerbsminderung sowie für vorzeitige Altersrenten mit 35jähriger Wartezeit. Sie zählen insbesondere dann, wenn während der Erziehungsjahre (Pflegejahre) größere Versicherungslücken klaffen. Sie zählen überhaupt nicht, wenn der Versicherte durchgehend versicherungspflichtig berufstätig war und seine Einkünfte oberhalb 75 Prozent des Durchschnittseinkommens aller Versicherten lagen.
Die Eintragung von Berücksichtigungszeiten wegen Kindererziehung kann zugunsten der Mutter oder durch gemeinsame Erklärung grundsätzlich auch zugunsten des Vaters erfolgen. Wurde jedoch der Mutter die Kindererziehungszeit (erste zwölf bzw. 36 Monate nach Geburt) als Pflichtversicherungszeit gutgeschrieben, kann der Vater höchstens die Berücksichtigungszeit danach in Anspruch nehmen.

Bei Berücksichtigungszeiten, die sich aus Erziehungszeiten vor dem 31. 12. 1991 ergeben, kann eine übereinstimmende Erklärung nur bis zum 31. 12. 1993 abgegeben werden. Wird eine solche Erklärung bereits vor dem 31. 12. 1991 abgegeben, ist sie per 1. 1. 1992 wirksam. In keinem Fall kann eine solche Erklärung widerrufen werden.
Alles in allem eine ggf. vorteilhafte, aber für Laien schwer verständliche Regelung. Deshalb kann nur dringend empfohlen werden, bei Unklarheiten Rat bei einer Rentenauskunftsstelle einzuholen und das Thema Berücksichtigungszeit unter dem Gesichtspunkt der persönlichen Gegebenheiten zu erörtern.

Muß man die Geburt eines Kindes bei der Rentenversicherung melden? Von den Meldebehörden werden Geburten seit 1986 automatisch der Datenzentrale aller Rentenversicherungen mitgeteilt. Danach stellt die Datenstelle fest, ob für die Mutter bereits eine Versicherungsnummer existiert, und leitet die Meldung an die zuständige Versicherung weiter. Die Versicherung wendet sich an die Mutter und teilt rechtzeitig die erforderlichen Schritte mit.

Wird keine Versicherungsnummer festgestellt, wendet sich die Datenstelle direkt an die Mutter und informiert sie über die notwendigen Schritte zur Erlangung einer Versicherungsnummer. Es ist also bei Geburten ab 1986 nicht mehr erforderlich, den Rentenversicherungsträger anzuschreiben oder ihm Geburtsscheine zuzusenden. Wenn eine Mutter ausnahmsweise keine Benachrichtigung erhält, bevor sie zum Beispiel die Kindererziehungszeit durch gemeinsame Erklärung an den Vater übertragen lassen will oder ein Rentenfall wegen Invalidität eintritt, so sollte sie sich zuerst an die nächste Rentenberatungsstelle wenden.

Kann ein Anspruch auf Anrechnung von Kindererziehungszeiten verfallen? Grundsätzlich nicht. Denn bereits mit der ersten Mitteilung über den Versicherungsverlauf erhält jede versicherte Frau vorsorglich einen Antrag auf Feststellung und Berücksichtigung von Kindererziehungszeiten. Anhand des Fragebogens wird geprüft, ob die Voraussetzungen für die Anerkennung von Kindererziehungszeiten und Berücksichtigungszeiten gegeben sind. Hierüber erhält die Frau eine weitere Benachrichtigung.

Was sind Pflegeberücksichtigungszeiten? Hier handelt es sich um Zeiten, die eine Pflegeperson aufwendet, um einen Pflegebedürftigen innerhalb Deutschlands zu pflegen. Pflegeberücksichtigungszeiten stehen ab 1. 1. 1992 einer Pflegeperson zu, die wegen der Pflege berechtigt ist, Beiträge zur gesetzlichen Rentenversicherung zu zahlen oder die Umwandlung von freiwilligen Beiträgen in Pflichtbeiträge zu beantragen. Das ist regelmäßig der Fall, wenn der Pflegebedürftige nicht erwerbsmäßig gepflegt wird und für die Pflege ständig wöchentlich mindestens zehn Stunden aufgewendet werden.

Der Gesetzgeber geht davon aus, daß eine intensive häusliche

Pflege eines kranken, behinderten oder pflegebedürftigen alten Menschen im Haushalt des Betroffenen oder in eigenem Haushalt – und das muß kein Verwandter sein – ein volles berufliches Engagement einschränkt oder ganz und gar ausschließt. Das führt aber zu sozialen Nachteilen der Pflegeperson in der gesetzlichen Rentenversicherung, wenn dafür kein Ausgleich angeboten wird.

Das Ausgleichsangebot besteht nun ab 1. 1. 1992 darin, daß Pflegepersonen, die als Arbeitnehmer in keiner Weise rentenversicherungspflichtig sind, die in Pflegezeiten gezahlten freiwilligen Beiträge auf Antrag in Pflichtbeiträge umwandeln lassen können. Pflegepersonen, die eine zeitlich eingeschränkte Beschäftigung ausüben, können auf Antrag ihre Pflichtbeiträge auf das Doppelte aufstocken, höchstens jedoch bis zur jeweiligen Beitragsbemessungsgrenze. Und Versicherte, die ohne ihre ehrenamtliche Pflegetätigkeit mehr als das Doppelte des tatsächlich erzielten Einkommens verdienen würden, können ihre Beiträge auf Antrag ebenfalls entsprechend aufstocken.

Diese Rechte bleiben bestehen, wenn die Pflegeperson wegen Urlaub, Krankheit oder aus anderen Hinderungsgründen (z. B. Entbindung, Kur) die Pflegetätigkeit bis zu vier Wochen im Kalenderjahr unterbricht. Ebenfalls zu beachten: Wenn mehrere Pflegepersonen mit jeweils mindestens zehn Wochenstunden für den Pflegebedürftigen tätig sind, können auch sie die aufgezählten Rechte in Anspruch nehmen.

Eine Pflegeperson kann keine Berücksichtigungszeit in Anspruch nehmen, wenn sie beamtet oder wegen des Bezugs einer Rente oder Pension versicherungsfrei oder von der Versicherungspflicht befreit ist.

Wann wird die Pflegebedürftigkeit anerkannt? Pflegebedürftig sind Menschen, die nach ärztlicher Feststellung wegen Krankheit oder Behinderung nicht nur vorübergehend so hilflos sind, »daß sie für die gewöhnlichen und regelmäßig wiederkehrenden Verrichtungen im Ablauf des täglichen Lebens in erhebli-

chem Umfang dauernd fremder Hilfe bedürfen«. Das gilt auch dann, wenn ein Teil ihrer Behinderung durch Hilfsmittel (z. B. Rollstuhl) erleichternd ausgeglichen wird.
Die ärztliche Anerkennung erfolgt über den medizinischen Dienst der gesetzlichen Krankenversicherung, der dazu eine Bescheinigung ausstellt. Der Umfang der Pflegetätigkeit muß vom Gesundheits- oder Sozialamt oder ebenfalls von der Krankenkasse bescheinigt werden. Beide Bescheinigungen sind bei der zuständigen Rentenversicherung einzureichen.

Sind bei der Antragstellung Fristen zu beachten? Ja. Die Umwandlung freiwilliger Beiträge in Pflichtbeiträge, die Aufstokkung von Pflichtbeiträgen sowie die Anerkennung der Berücksichtigungszeit sind nur dann vom Beginn der Pflegetätigkeit an möglich, wenn der Antrag binnen drei Monaten gestellt wird. Bei später eingehenden Anträgen erfolgt die Anerkennung erst vom Antragsmonat an.

Welche Vorteile bringt die Berücksichtigungszeit? Die Eintragung der Berücksichtigungszeit erfolgt unabhängig davon, ob die Pflegeperson vom Angebot der Umwandlung freiwilliger Beiträge in Pflichtbeiträge oder der Aufstockung von Pflichtbeiträgen Gebrauch macht. Auch ohne Beitragszahlungen entstehen Vorteile im Fall vorzeitiger Berentung wegen verminderter Erwerbsfähigkeit (also wegen Erwerbs- oder Berufsunfähigkeit) und unter bestimmten Voraussetzungen für vorzeitige Altersrenten mit 60 bzw. 63 Jahren. Insbesondere spielen sie eine Rolle bei der Erfüllung der 35jährigen Wartezeit, die nach neuem Recht für Zeiten vor 1992 eine höhere Bewertung niedriger Beiträge zur Folge hat.

Pflegeberücksichtigungszeiten wirken sich nach der neuen Rentenformel (siehe Kapitel 10, Rentenberechnung) bei der sogenannten Gesamtleistungsbewertung aus. Danach werden Berücksichtigungszeiten fiktiv so behandelt, als seien sie Beitragszeiten auf der Basis von 75 Prozent des Durchschnittseinkommens aller Versicherten. Dadurch wird verhindert, daß diese Zeiten als versicherungsrechtliche Lücken den Gesamtleistungswert mindern. Im Gegenteil, der Gesamtleistungswert erhöht sich und damit der auf beitragsfreie und beitragsgeminderte Zeiten entfallende Rentenanteil.

6 Das Wichtigste für Witwen, Witwer und Waisen

Was ist der Unterschied zwischen kleiner und großer Witwen- oder Witwerrente? Witwen oder Witwer haben nach dem Tode des versicherten Ehegatten Anspruch auf die kleine Witwen-/Witwerrente, wenn der versicherte Ehegatte die Wartezeit von mindestens 60 Kalendermonaten erfüllt hat. Die kleine Witwen-/Witwerrente beträgt 25 Prozent der Rente des Versicherten. Der Anspruch besteht nur so lange, wie die Witwe oder der Witwer nicht wieder geheiratet hat. Eine Verbesserung der kleinen Witwen-/Witwerrente ergibt sich daraus, daß diese ab 1. 1. 1992 aus der vollen Versichertenrente einschließlich einer Zurechnungszeit errechnet wird, während sie bis 31. 12. 1991 aus der niedrigeren Berufsunfähigkeitsrente ohne Zurechnungszeit errechnet wird.

Die große Witwen-/Witwerrente in Höhe von 60 Prozent der Rente des Versicherten ist an weitere Voraussetzungen gebunden: Witwen bzw. Witwer haben darauf immer dann einen Anspruch, wenn sie entweder ein eigenes Kind oder ein Kind des verstorbenen Ehegatten oder ein Stief- oder Pflegekind erziehen, welches das 18. Lebensjahr noch nicht vollendet hat. Anspruch besteht immer nach Vollendung des 45. Lebensjahres oder bei Berufs- und Erwerbsunfähigkeit. Große Witwen-/Witwerrenten wegen Kindererziehung werden auf das Ende des Kalendermonats befristet, in dem die Kindererziehung voraussichtlich endet. Sie können verlängert werden.

Werden vom Rentenanspruch noch Abzüge gemacht? Das kommt darauf an, wie hoch der eigene Verdienst bzw. die eigene Rente ist. Bei einem eigenen Einkommen bis zu rund 1100 Mark (für 1992 geschätzt; der Betrag wird jährlich angepaßt) gibt es keine Abzüge. Ist das eigene anrechenbare Einkommen höher, werden 40 Prozent des übersteigenden Betrags auf die Hinterbliebenenrente angerechnet. Während also der eigene Rentenanspruch niemals angetastet wird, erfolgt eine gewisse Anrechnung auf die Witwen-/Witwerrente. Anders gesagt: Die Hinterbliebenenrente ruht in der Höhe des Anrechnungsbetrags. Das klingt kompliziert, ist aber sehr einfach.

Beispiel:

Beide Eheleute sind Rentner und haben Rentenansprüche von je 1500 DM. Beide sind über 45; sie sind kinderlos. Der Mann stirbt. Die Witwe erhält weiter ihre Eigenrente	= 1500 DM.
Hinzu kommen 60 Prozent der Rente des Mannes	= 900 DM.
Das Eigeneinkommen der Witwe übersteigt den Freibetrag von 1100 DM um 400 DM. Dafür werden 40 Prozent = 160 DM von der Witwenrente abgezogen. Der Witwe verbleiben also 900 −160 DM = 740 DM Witwenrente. Sie erhält eine Gesamtrente von	2240 DM.

Für jedes waisenrentenberechtigte Kind erhöht sich der Freibetrag um rund 230 DM (für 1992 geschätzt; wird jährlich erhöht).

Auch hierzu ein *Beispiel*:

Der Mann hat bis zu seinem Tod eine Rentenanwartschaft von 2000 DM erworben. Die Witwe mit zwei waisenrentenberechtigten Kindern verfügt über ein zu berücksichtigendes Einkommen von 1500 DM.

Die Witwe bezieht ihr eigenes Einkommen weiter = 1500 DM.

Hinzu kommt die Witwenrente von 60 Prozent der Rente des Mannes = 1200 DM.

Das Eigeneinkommen der Witwe übersteigt den Freibetrag von 1100 DM plus zweimal 230 DM = 1560 DM nicht. Folglich erhält sie zusätzlich zum Eigeneinkommen die ungekürzte Witwenrente.

Kann es passieren, daß durch die Anrechnung von eigenem Einkommen der Anspruch auf Witwen-/Witwerrente ganz entfällt? Ja, aber nur bei höheren Eigeneinkommen. Hätte ein Hinterbliebener (Frau oder Mann) beispielsweise ein Einkommen von 5000 DM monatlich (abzüglich Freibetrag von 1100 DM, mithin 40 Prozent Anrechnungsbetrag von 3900 DM = 1560 DM), so bliebe jede Witwen-/Witwerrente bis zu 1560 DM unberücksichtigt. Da diese Rente aber nicht »gestrichen« wird, sondern nur ruht, lebt der Anspruch bei verringertem Einkommen wieder auf. Beispielsweise gäbe es mit Anspruch auf 1560 DM Hinterbliebenenrente bei
4000 DM Eigeneinkommen eine Rente von 400 DM,
3000 DM Eigeneinkommen eine Rente von 800 DM,
2000 DM Eigeneinkommen eine Rente von 1200 DM.

Früher gab es doch solche Abzüge nicht? In der Tat stellt die neue Rentenregelung vom 1. 1. 1986 in vielen Fällen eine Verschlechterung für Frauen dar. Denn vor diesem Zeitpunkt wurde die Witwenrente ohne Beachtung des eigenen Einkommens immer in voller Höhe von 60 Prozent gezahlt. Dafür gingen Witwer beim Tod ihrer Frau stets leer aus. Eine Ausnahme hiervon bildete lediglich der seltene Fall, daß ein Mann ganz oder überwiegend von seiner Frau ernährt wurde.
Das Bundesverfassungsgericht urteilte jedoch, daß für Witwen und Witwer der Gleichbehandlungsgrundsatz gelten muß und daß aus rechtlich gleichen Ansprüchen nicht in einem Fall 60 Prozent, im anderen 0,0 Prozent Hinterbliebenenrente gezahlt werden kann. Aus der Not, denselben Kuchen an Rentenaufkommen nun anders verteilen zu müssen, ohne die Rentenbeiträge zu erhöhen, ergab sich das Anrechnungsmodell als sozialverträglichste Lösung zugunsten der kleinen Renten und zu Lasten höherer Eigeneinkommen.

Wann beginnt die Witwen-/Witwerrente? Die Rente ist ab Todestag des Verstorbenen an den hinterbliebenen Ehegatten zu zahlen, wenn der Verstorbene bis dahin keine Rente bezog. Hat der Verstorbene jedoch im Sterbemonat bereits Rente bezogen, so beginnt die Hinterbliebenenrente erst mit dem nächsten Kalendermonat.

Was bedeutet das sogenannte Sterbevierteljahr? Einheitlich werden große wie kleine Witwen-/Witwerrenten bis zum Ablauf des dritten Kalendermonats nach dem Sterbemonat des Versicherten in der Höhe gezahlt, in der ein Anspruch des Verstorbenen auf Rente wegen Erwerbsunfähigkeit bestand oder bestanden hätte. Das bedeutet in der Praxis eine höhere Witwen-/Witwerrente für das erste Vierteljahr; erst danach tritt die Berechnungsart der Witwen-/Witwerrente ein, die weiter vorn erklärt wurde.

Was bedeutet der Begriff Höchstbetragsregelung? Die Höchstbetragsregelung legt fest, daß mehrere Hinterbliebenenrenten – z. B. Witwen- und Waisenrente – insgesamt den Betrag der Versichertenrente des Verstorbenen nicht übersteigen dürfen. Für Neuberechnungen ab 1992 besteht diese Einschränkung nicht mehr. Sie gilt dann übergangsweise nur noch in den Fällen, in denen sie bereits bisher zur Anwendung kam. Die Begrenzung entfällt, sobald der Anspruch eines Hinterbliebenen wegfällt (beispielsweise die Halbwaisenrente wegen Volljährigkeit) und deshalb ohnehin eine Neufestsetzung der übrigen Hinterbliebenenrenten erforderlich wird.

Haben Partner eheähnlicher Gemeinschaften Anspruch auf Hinterbliebenenrente? Nein. Wohl aber haben Kinder, die aus solcher Partnerschaft hervorgegangen sind, Anspruch auf Waisen- oder Halbwaisenrente.

Gehen durch Wiederheirat von Witwen/Witwern ihre Ansprüche auf Hinterbliebenenrente verloren? Grundsätzlich ja, soweit es ihren Anspruch auf Witwen-/Witwerrente betrifft. Jedoch lebt der alte Rentenanspruch wieder auf, wenn die neue Ehe aufgelöst oder für nichtig erklärt wird. Dieser Rentenanspruch tritt auch dann in Kraft, wenn im Zeitpunkt der Wiederheirat die Voraussetzungen für den Bezug von Witwen-/Witwerrente nicht erfüllt waren. Stirbt hingegen der neue Ehepartner, so erhält der Hinterbliebene neuerdings Witwen-/Witwerrente aus dessen Ansprüchen.

Bekommen Witwen/Witwer bei Wiederheirat eine Abfindung? Ja. Die Abfindung beträgt 24 Monatsbeträge. Monatsbetrag ist der Durchschnitt der für die letzten zwölf Monate geleisteten Witwen-/Witwerrente. Bei Wiederheirat vor Ablauf des 15. Kalendermonats nach dem Tode des Versicherten gilt als Monatsbetrag die durchschnittliche Rente, die nach Ablauf des dritten auf den Sterbemonat folgenden Kalendermonats zu leisten war. Bei Wiederheirat vor Ablauf des vierten Kalendermonats gilt als Monatsbetrag derjenige Rentenbetrag, der für den vierten auf den Sterbemonat folgenden Kalendermonat zu leisten gewesen wäre.

Wann lohnt sich Wiederheirat rentenrechtlich und wann nicht? Ganz allgemein lohnt sich Wiederheirat von Witwen-/Witwerrentenempfängern immer bei niedriger Witwenrente und hohem Einkommen des neuen Partners. Bei hoher Witwen-/Witwerrente und niedrigem Einkommen des Partners ist es vorteilhafter, eine »Ehe ohne Trauschein« zu führen.

Haben geschiedene Ehegatten Anspruch auf Witwen-/Witwerrente? Nein. Die nach neuem Scheidungsrecht geschiedenen Ehegatten sind durch den bei der Scheidung vorgenommenen Versorgungsausgleich abgefunden, bei dem die Versorgungsansprüche beider Ehegatten für die Zeit der Ehe zusammengezählt und zu gleichen Teilen aufgeteilt werden.

Die nach altem Scheidungsrecht geschiedenen Ehefrauen können unter bestimmten Voraussetzungen für die Zeit ihrer Ehe einen Anspruch auf anteilige Witwenrente geltend machen. Das kann insbesondere dann der Fall sein, wenn
- zu Lebzeiten ein Versorgungsanspruch bestanden hat,
- die überlebende geschiedene Ehefrau nicht wieder geheiratet hat,

– ihre Versorgungsbezüge wesentlich geringer sind als die des Verstorbenen,
– die überlebende geschiedene Ehefrau Kinder aus gemeinsamer Ehe versorgt.

Wesentlich wird es auch darauf ankommen, wie lange die Ehe bestanden hat. Beispielsweise sind nach Rechtsprechung Ansprüche für kurze Ehezeiten von ein bis zwei Jahren nicht anerkannt worden. Hat der Verstorbene nach der Scheidung wieder geheiratet, so werden bei Anerkennung von Ansprüchen aus erster Ehe die Ansprüche aus zweiter Ehe des Verstorbenen um denselben Anteil gemindert. Anders gesagt: Was die geschiedene erste Ehefrau des Verstorbenen von der Hinterbliebenenrente abbekommt, wird der zweiten (dritten usw.) Ehefrau abgezogen.

Da die Anspruchsvoraussetzungen nicht nur rentenrechtliche, sondern auch scheidungsrechtliche Probleme beinhalten, ist es empfehlenswert, in solchen Fällen einen Rechtsanwalt zu konsultieren, idealerweise denjenigen Anwalt, der die überlebende geschiedene Ehefrau bei der Scheidung vertreten hat.

Im Falle des Todes einer nach altem Scheidungsrecht geschiedenen Ehefrau kann ihr überlebender geschiedener Ehemann grundsätzlich keine Ansprüche aus ihren Rentenansprüchen herleiten, weil das alte Scheidungsrecht nur bis 1976 Gültigkeit hatte und das auch Witwer begünstigende Rentenrecht erst ab 1986 in Kraft ist. Eine seltene Ausnahme, die mit einem Anwalt zu klären wäre, ist der Fall, daß die geschiedene Ehefrau während der Ehezeit den Ehemann ganz oder überwiegend ernährt hat.

Wie werden Waisenrenten berechnet? Waisenrenten berechnen sich auch ab 1992 (wie schon zuvor) aus einem beitragsabhängigen Bestandteil und einem beitragsunabhängigen Erhöhungsbetrag, der nun einfach Zuschlag genannt wird. Der beitragsabhängige Teil beträgt bei Halbwaisen zehn Prozent, bei Vollwaisen 20 Prozent der Versichertenrente. Der Zuschlag beträgt bei Halbwaisen seit Juli 1977 unverändert 152,90 Mark im Monat, bei Vollwaisen zehn Prozent der »allgemeinen Bemessungsgrundlage«. Das werden per Januar 1992 etwa 260 Mark sein.

Ab Juli 1992 wird der Zuschlag sowohl in laufenden als auch in neuen Halbwaisenrenten wieder entsprechend der jährlichen allgemeinen Rentenanpassung erhöht. In neuen Rentenfällen wird der bis dahin einheitliche Zuschlag stärker an der Vorleistung des Verstorbenen orientiert. Der Zuschlag in bisheriger Höhe ergibt sich künftig nach einem Versicherungsleben von 37 Versicherungsjahren. Diese werden von lückenlos Versicherten durch die Zurechnungszeit (so als habe der Versicherte bis zum 60. Lebensjahr eingezahlt) und bei Frauen zusätzlich durch Berücksichtigungszeiten wegen Kindererziehung bzw. Pflege meist auch erreicht. Bei längerer Versicherungsdauer des Verstorbenen erhöhen sich die Zuschläge.

Wird bisher die Vollwaisenrente allein aus der Rente des Verstorbenen mit den höchsten Anwartschaften ermittelt, so beträgt ab 1992 der beitragsabhängige Teil der Vollwaisenrente 20 Prozent der Rente beider Elternteile. Allerdings wird dann der Zuschlag nur noch soweit geleistet, wie er den Betrag übersteigt, der bereits als beitragsabhängiger Rententeil durch das zweite Versicherungsleben hinzukommt. Verbesserungen ergeben sich folglich immer dann, wenn der auf den zweiten Versicherten entfallende beitragsabhängige Bestandteil höher ist als der Zuschlag. Es ist aber für jeden Fall sichergestellt, daß Vollwaisenrenten aus einem lückenlosen Versicherungsleben nicht niedriger sein können als vor der Rentenreform.

In Angleichung an das Kindergeldrecht wird die Möglichkeit des Waisenrentenbezugs um zwei weitere Jahre verlängert. Waisen, die sich in Schul-, Hochschul- oder Berufsausbildung befinden, werden ab 1992 also maximal bis zum 27. Lebensjahr (statt vorher bis zum 25. Lebensjahr) rentenmäßig versorgt, bei Unterbrechung der Ausbildung durch Wehr- oder Zivildienst ausnahmsweise auch darüber hinaus.

Nach dem bis Ende 1991 geltenden Recht fällt die Waisenrente stets weg, sobald das Einkommen 1000 Mark erreicht. Ab 1. 1. 1992 gilt eine gleitende Einkommensanrechnung entsprechend den auch bei Witwen-/Witwerrenten geltenden Regeln.

Was bedeutet der Begriff »Erziehungsrente«? Versicherte haben bis zur Vollendung des 65. Lebensjahres Anspruch auf eine sogenannte Erziehungsrente, wenn

1) ihre Ehe nach dem 30. Juni 1977 geschieden und der geschiedene Ehegatte inzwischen verstorben ist,
2) sie ein eigenes Kind oder ein Kind des geschiedenen Ehegatten erziehen,
3) sie nicht wieder geheiratet haben und
4) sie selbst bis zum Tode des geschiedenen Ehegatten die allgemeine Wartezeit von mindestens fünf Versicherungsjahren erfüllt haben.

Alle vier Voraussetzungen müssen erfüllt sein.

7 Fremdrentengesetz: Flüchtlinge, Vertriebene, Übersiedler

Flüchtlinge und Übersiedler aus der damaligen DDR sowie Vertriebene und Aussiedler aus Staaten des ehemaligen Ostblocks haben in der Zeit vor ihrer Ankunft in der Bundesrepublik zwar hierzulande keine Beiträge zur Rentenversicherung gezahlt, wohl aber in den Ländern ihrer Herkunft; diese sind der Solidargemeinschaft der Versicherten in der Bundesrepublik nicht zugute gekommen. Andererseits konnten und können die geleisteten Beiträge in den Herkunftsländern nicht eingeklagt werden.

Um eine Eingliederung zu erleichtern und eine annähernde soziale Gleichstellung für den Rentenfall zu erreichen, wurde bereits 1960 das sogenannte Fremdrentengesetz (FRG) geschaffen. Danach werden die berechtigten Personenkreise grundsätzlich so ähnlich behandelt, als hätten sie ihre Rentenversicherungsbeiträge in der Bundesrepublik geleistet.

Was ändert sich durch die deutsche Wiedervereinigung? Rentenbezieher bekommen weiterhin ihre Rente unter voller Anerkennung der in der damaligen DDR zurückgelegten rentenrechtlichen Zeiten. Für sie ändert sich also überhaupt nichts. Im übrigen wird das Fremdrentengesetz abgeschafft. Das hat zur Folge, daß in der DDR zurückgelegte rentenrechtliche Zeiten künftig auch für DDR-Flüchtlinge und Übersiedler so bewertet werden wie für die übrigen Bürger der ehemaligen DDR. Hieraus wird sich überwiegend eine niedrigere Bewertung ergeben. Ob dazu noch Überleitungsbestimmungen geschaffen werden, war bei Redaktionsschluß ungewiß. Mit Sicherheit kann aber gesagt werden, daß alle vor der Außerkraftsetzung des Fremdrentengesetzes noch zugehenden Rentenbescheide nach der alten (günstigeren) Regelung ergehen und danach auch nicht mehr zuungunsten der Versicherten abgeändert werden. Da das Fremdrentengesetz also noch Auswirkungen hat, ist es nützlich, seine wesentlichen Inhalte zu kennen.

Wer gilt als DDR-Flüchtling bzw. DDR-Übersiedler? Anders als vor dem 1. 7. 1990 gelten in der DDR zurückgelegte Versicherungszeiten nur noch für Deutsche im Sinne des Grundgesetzes. Sie müssen wenigstens 15 Jahre lang ihren Wohnsitz in der DDR oder in Ostberlin gehabt haben. Diese Frist zählt jedoch von der Geburt an und bezieht Zeiten mit ein, die vor der Staatsgründung der DDR auf deren späterem Territorium verbracht wurden.

Für diesen Normalfall ein *Beispiel*:

Versicherter in Leipzig geboren	am 15. 3. 1928
Ständiger Wohnsitz in Leipzig mit	
DDR-Beitragszeiten	vom 1. 4. 1946 bis 31. 3. 1950
Zuzug ins Bundesgebiet	am 15. 4. 1950

Die Beitragszeiten sind nach dem Fremdrentengesetz noch anrechenbar, wenn der Versicherte vor Außerkraftsetzung dieses Gesetzes in Rente geht. Denn die Fünfzehnjahresfrist (beginnend mit der Geburt) ist erfüllt, weil auch die Zeiten vor 1945 mitgezählt werden, die der Versicherte im späteren Staatsgebiet der DDR gelebt hat.

Was passiert, wenn man später eine ausländische Staatsangehörigkeit annimmt? Dann erlischt der Anspruch auf Zurechnung von Beitragsjahren nach dem Fremdrentengesetz. Wer die deutsche Staatsbürgerschaft aufgibt (zum Beispiel bei einem Umzug ins Ausland), erhält keine Anerkennung von DDR-Beitragszeiten nach dem Fremdrentengesetz.

Gilt die Fünfzehnjahresfrist auch für Vertriebene? Nein. Anerkannten Vertriebenen (Vertriebenenausweis A) werden DDR-Beitragszeiten ohne Fristbegrenzung anerkannt, solange das Fremdrentengesetz nicht außer Kraft gesetzt ist.

Gilt die Voraussetzung der deutschen Staatsangehörigkeit auch für Juden? Nein. Zur Wiedergutmachung faschistischen Unrechts gehört die Ausnahmeregelung, daß Juden aus den ehemaligen deutschen Ostgebieten und Danzig, aus den baltischen Staaten, der Sowjetunion, der ČSFR, Ungarn, Rumänien, Bulgarien, Albanien, Jugoslawien und China unabhängig von ihrer Staatsbürgerschaft Ansprüche nach dem Fremdrentengesetz geltend machen können, wenn sie in der Bundesrepublik ihren Wohnsitz nehmen, dem deutschen Sprach- und Kulturkreis angehörten, das 16. Lebensjahr vollendet und sich wegen ihrer Zugehörigkeit zum Judentum nicht zum deutschen Volkstum bekannt hatten. Diese Regel gilt aber nicht für Ehegatten und Nachkommen dieser Personen, die selbst nicht die Voraussetzungen erfüllen.

Welche Ansprüche haben vertriebene Verfolgte? Sie stehen den übrigen Vertriebenen gleich, wenn sie lediglich deshalb nicht als Vertriebene anerkannt sind, weil sie sich nicht ausdrücklich zum deutschen Volkstum bekannt haben. Es genügt, daß sie im Zeitraum des Verlassens des Vertreibungsgebietes dem deutschen Sprach- und Kulturkreis angehört haben. Politisch verfolgten Vertriebenen wird grundsätzlich geglaubt, daß sie wegen ihrer Zugehörigkeit zum deutschen Sprach- und Kulturkreis vertrieben oder verfolgt wurden.

Werden auch bei Fremdrenten verschiedene Zeiten anerkannt? Ja, und zwar werden neben den regelrechten Beschäftigungszeiten mit Beitragsleistung auch Zeiten des gesetzlichen Grundwehrdienstes, Zeiten eines Ersatzdienstes (z. B. »Bausoldaten«), Zeiten von Zeitsoldaten, Berufssoldaten, Polizeiangehörigen, Zeiten der Kindererziehung und des Mutterschutzes, des politischen Gewahrsams, der Arbeitsunfähigkeit, der Rehabilitation und der Arbeitslosigkeit nach verschiedenen Regeln anerkannt. Die Anerkennung solcher Zeiten wird grundsätzlich auch nach der Abschaffung des Fremdrentengesetzes möglich sein. Bei Rentenanträgen müssen solche Zeiten daher unbedingt durch Dokumente belegt werden.

Zeiten als Selbständiger werden nur anerkannt, wenn Beiträge in eine gesetzliche Rentenversicherung für Arbeitnehmer eingezahlt wurden. Die früher weiter gehende Anerkennung durch Rechtsverordnung für Zeiten in der Deutschen Versicherungsanstalt bzw. in der Staatlichen Versicherung der DDR wurde gestrichen, jedoch bleibt sie für diejenigen erhalten, denen diese Zeiten bereits anerkannt wurden.
Schul-, Fach- und Hochschulzeiten werden lediglich als Ausfall- bzw. Anrechnungszeiten berücksichtigt. Etwaige hierzu geleistete Beiträge (z. B. Studentenversicherung der DDR) werden nicht anerkannt.

Welche Zeiten werden nicht anerkannt? Nicht anrechenbar sind Zeiten, für die Beiträge im Herkunftsland von den Versicherungen zurückerstattet wurden. Nicht anerkannt werden Zeiten einer geringfügigen Beschäftigung von weniger als zehn Wochenstunden. Nicht bewertet werden freiwillige Beiträge von weniger als neun Mark (Ost), und zwar deshalb, weil sie nach DDR-Gesetzgebung einem Verdienst entsprachen, der nicht zur Versicherungspflicht geführt hätte.

Was wird aus Beitragszeiten während eines Rentenbezugs? Ab 1. 1. 1992 können Beiträge, die während des Bezugs einer Altersrente im Herkunftsgebiet bis zum 65. Geburtstag geleistet wurden, bei einer Versichertenrente im Bundesgebiet angerechnet werden. Vorher ist das nicht möglich.

Wie kann man die verschiedenen Zeiten nachweisen? Am besten sind immer Originalbelege wie Versicherungskarten, Versicherungsausweishefte oder frühere Rentenbescheide, Militärdienstbelege, Schul- und Hochschulzeugnisse. Als Ersatzbelege gelten Steuerabrechnungen, Anstellungsverträge, Arbeitszeugnisse, Gehaltsabrechnungen, Arbeitgeberbescheinigungen. Im Notfall können Zeugenerklärungen oder eigene eidesstattliche Versicherungen abgegeben werden.

Bei bloßer »Glaubhaftmachung« rentenrechtlicher Zeiten

kann die Rentenversicherung jedoch Abzüge durch Zeitkürzungen vornehmen und statt zwölf jeweils nur zehn Monate anerkennen (alte, bis 31. 12. 1991 geltende Regel). Ab 1. 1. 1992 erfolgen solche Abzüge durch Kürzung der Entgeltpunkte um ein Sechstel. Dürftige Zeugen- und Eigenerklärungen können nach altem wie neuem Recht auch abgelehnt werden.

Da die zuständigen Stellen in der ehemaligen DDR als Überleitungsstellen meist noch am gleichen Ort sitzen und in jedem Fall noch funktionieren, ist dringend zu raten, vor dem 31. 12. 1991 Unterlagen zu beschaffen, die bislang fehlten oder nur den Charakter von Ersatzbelegen haben. Ähnliches gilt auch für die Rentenversicherer in den ehemaligen Ostblockstaaten, die im Zuge von Demokratisierungsmaßnahmen möglicherweise Bescheinigungen ausstellen, die sie früher verweigert haben. Auch Betroffene, die bereits Rentenbezieher sind und denen bei der Rentenberechnung wegen unzureichender Belege Anerkennungszeiten versagt oder gekürzt wurden, können diese Belege noch beschaffen und mit einem Antrag auf Neuberechnung bei der zuständigen Rentenversicherung im Bundesgebiet einreichen.

Wie werden Fremdrentenzeiten bewertet? Für alle Fälle, in denen das Fremdrentengesetz noch angewendet wird, verfährt man bei der Bewertung von Beitrags- und ihnen gleichgestellten Fremdrentenzeiten so, als habe der Versicherte ein seiner Tätigkeit entsprechendes Einkommen in der Bundesrepublik bezogen. Wer sich einen Überblick über seine Rentenerwartung unter Einbeziehung von Fremdrentenzeiten verschaffen will, wende am besten die Rentenberechnung an, wie sie in Kapitel 10 ab Seite 106 erklärt wird. Danach werden sogenannte Entgeltpunkte für jedes Jahr vergeben. Hinsichtlich der Fremdrentenanteile wird man nicht allzu schief liegen, wenn man für noch vor der Außerkraftsetzung des Fremdrentengesetzes zugehende Renten die Entgeltpunkte pro Jahr etwa so ansetzt:
Angestellte (Männer und Frauen): Berufsanfänger 0,7 EP;

mittlere Gehaltsgruppen 1,0 bis 1,2 EP; obere Gehaltsgruppen 1,4 bis 1,8 EP.
Arbeiter (Männer): Berufsanfänger 0,7 EP; mittlere Lohngruppen 0,9 EP; obere Lohngruppen 1,0 bis 1,1 EP (Frauen jeweils 0,1 EP weniger).

Auch nach Abschaffung des Fremdrentenrechts kann man weiterhin DDR-Zeiten nach Entgeltpunkten berechnen. Die Bewertung steht aber derzeit noch nicht fest. Fachleute erwarten, daß sie etwa 25 Prozent niedriger liegen wird als nach dem Fremdrentenrecht. Danach ergäbe sich ganz grob etwa folgende Bewertung pro Jahr:
Angestellte (Männer und Frauen): Berufsanfänger 0,5 EP; mittlere bis obere Gehaltsgruppen 0,75 bis 0,9 EP.
Arbeiter (Männer und Frauen): Berufsanfänger 0,5 EP; mittlere bis obere Lohngruppen 0,75 bis 0,9 EP.

8 Das Wichtigste für die Bürger der neuen deutschen Bundesländer und Ost-Berlins

Seit dem 3. Oktober 1990 ist die politische Einheit Deutschlands vollzogen. Rechtliche Grundlage des Beitritts der DDR zum Geltungsbereich des Grundgesetzes der Bundesrepublik ist der Einigungsvertrag vom 31. 8. 1990. Danach ergeben sich bereits für das Jahr 1991 erhebliche Änderungen in der Rentengesetzgebung; sie tragen Übergangscharakter. Ab 1. 1. 1992 gilt dann auch in Sachsen, Sachsen-Anhalt, Thüringen, Mecklenburg-Vorpommern, Brandenburg und Ost-Berlin das Rentenreformgesetz der Bundesrepublik, allerdings mit wichtigen Übergangsbestimmungen für Versicherungszeiten im Gebiet der ehemaligen DDR.

Welche Änderungen gelten für 1991? Im wesentlichen gilt bis zum Jahresende 1991 das alte Rentenrecht der ehemaligen DDR. Das betrifft sowohl die Beitragssätze als auch die Kriterien der verschiedenen Rentenfälle. Die Festsetzung der Mindestrenten, die Ermittlung der Rentenhöhe entsprechend den erworbenen Rentenanrechten nach Werteinheiten und die schrittweise Erhöhung der Renten werden in dieser Zeit durch Rechtsverordnungen bestimmt.

Bereits 1991 gelten das bundesdeutsche »Rehabilitationsrecht« der Rentenversicherung und das bundesdeutsche Recht der gesetzlichen Krankenkassen sowie der Unfallversicherung. Das Rehabilitationsrecht besagt, einfach ausgedrückt, daß Rentenversicherte zur Wiederherstellung ihrer Gesundheit und bei drohenden gesundheitlichen Gefahren, die zu vorzeitiger Berentung führen könnten, Kuren in Anspruch nehmen können.

Wer sind für 1991 die zuständigen Rentenversicherungsträger? Im Jahr 1991 gibt es eine »Überleitungsanstalt Sozialversicherung«, weitgehend identisch mit der bisherigen DDR-Sozialversicherung. Sie handelt im Namen und Auftrag der bundesdeutschen Rentenversicherungsträger, die ihre Organisationen im Jahresverlauf 1991 aufbauen werden: die Bundesversicherungsanstalt für Angestellte, die Landesversicherungsanstalten für Arbeiter einschließlich einer ganz Berlin erfassenden LVA Berlin sowie Seekasse, Bundesbahnversicherungsanstalt und Bundesknappschaft.

Die Überleitungsanstalt hat ihre Tätigkeit zum 31. 12. 1991 zu beenden und alle Unterlagen an die zuständigen Rentenversicherungen zu übergeben. Bis dahin sorgt sie für die Rentenzahlungen, nimmt Rentenanträge entgegen, bearbeitet sie und erstellt im Namen der tatsächlich zuständigen Träger die Rentenbescheide. Werden diese Bescheide angefochten, ist die Überleitungsanstalt im Namen der zuständigen Träger auch für Widerspruchsverfahren und Klagen zuständig. Fristen für Widerspruch und Klage müssen deshalb unbedingt eingehalten werden. Schreiben sollten grundsätzlich, mit Kopie zum Selbstbehalt, per Einschreiben mit Rückschein aufgegeben werden, um ggf. auch über das Jahr 1991 hinaus um Ansprüche streiten zu können. Fatal falsch wäre es, in Streitfällen der Überleitungsanstalt die Kompetenz abzusprechen und bis zur Übernahme durch die neuen Versicherungsträger zu warten. Durch Fristversäumnis können mögliche Ansprüche verfallen.

Sind die Renten für die neuen Bundesländer überhaupt gesichert? Darauf kann nur mit einer Doppelantwort eingegangen werden: Nein, was die Einnahmen aus Einzahlungen der versicherten Berufstätigen auf Länderebene anbelangt, die ja zur Zahlung der Renten verwendet werden. Ja, was die Garantie des Staates betrifft, der vorerst die fehlenden Mittel einschießt.

Die Finanzierung der Rentenversicherung in Ostdeutschland bleibt zunächst noch separiert. Damit soll eine zusätzliche Belastung der Rentenzahler im Alt-Bundesgebiet vermieden werden. Fehlende Mittel zur Zahlung der Renten werden durch überproportionale Zuschüsse des Bundes gedeckt, der zugleich die Renten garantiert. Mittelfristig muß erreicht werden, daß die Solidargemeinschaft der Renteneinzahler den überwiegenden Anteil der Mittel einzahlt, der für die laufenden Renten benötigt wird. Die Bundeszuschüsse müssen dann auf dieselbe Höhe zurückgefahren werden, in der die Rentenversicherungen im Alt-Bundesgebiet bezuschußt werden.

Sind Rentenerhöhungen in den neuen Bundesländern unter diesen Umständen überhaupt möglich? Ja. Seit der Währungsumstellung im Juli 1990 wurden die Renten bereits zweimal erhöht. Weitere Rentenerhöhungen erfolgen ab 1992 jeweils zum 1. Juli wie auch im gesamten Bundesgebiet. Dabei ist vorgesehen, die Ost-Renten stärker zu erhöhen als die West-Renten und so die derzeit erhebliche Differenz weiter zu verringern. Das wird vor allem in dem Maße möglich sein, wie die Arbeitseinkommen und damit auch die Rentenbeitragszahlungen der Erwerbstätigen in den neuen Bundesländern steigen.

Ein Nachteil für Rentner, rentennahe Jahrgänge und Bezieher von Altersübergangsgeld ergibt sich daraus, daß in der ehemaligen DDR die Renteneinzahlungen extrem niedrig waren und sich daraus entsprechend niedrige Renten errechnen. Auch nach mehreren Rentenanpassungen werden deshalb diese Renten unter der durchschnittlichen Rentenhöhe bleiben. Im Zuge wirtschaftlicher Angleichung werden sich schließlich die neu zugehenden Renten in ihrer absoluten Höhe denen im übrigen Bundesgebiet nähern. Ein Zeitpunkt, wann dieses Ziel erreicht sein wird, kann derzeit von keiner offiziellen Stelle genannt werden.

Für rentenfernere Jahrgänge wirken sich folglich die derzeitigen Nachteile viel weniger aus. Jüngere Erwerbstätige, die noch viele Jahre nach einheitlichem Bundesrecht Einzahlungen leisten werden, erwerben damit auch entsprechend höhere Rentenansprüche für alle Rentenfälle.

Wie rechne ich mir meine Rentenerwartung ab 1992 aus? Da ab 1992 ein einheitliches Rentenrecht gilt, kann auch jeder Bürger in den neuen Teilen der Bundesrepublik seine Rentenansprüche für die Zukunft so berechnen, wie es in Kapitel 10 erklärt wird. Diese Berechnung ergibt dann (wegen einiger fortbestehender Besonderheiten) zumindest einen realistischen Näherungswert. Beachten Sie bei Ihren Rechnungen nach Kapitel 10 die besonderen Hinweise für Bürger der neuen Bundesländer.

Wer ist von der Versicherungspflicht befreit? Alle Beamten auf Probe, auf Zeit oder auf Lebenszeit und Zeit- und Berufssoldaten sind von der Versicherungspflicht befreit. Sie müssen lediglich prüfen, ob durch Verwaltungsfehler etwa weiter Beiträge zur Rentenversicherung abgezogen werden oder nach dem 3. 10. 1990 abgezogen wurden. Diese Beiträge müssen erstattet werden, und zwar von dem Monat an, zu dem das Beamtenverhältnis eingesetzt hat.

Beschäftigte von Körperschaften, Anstalten oder Stiftungen des öffentlichen Rechts sind unter der Voraussetzung befreit, daß ihre zuständigen Verbände Anwartschaft auf Versorgung bei verminderter Erwerbsfähigkeit, im Alter sowie auf Hinterbliebenenversorgung gewährleisten. Ob diese Voraussetzungen gegeben sind, muß in jedem Einzelfall nachgefragt werden.

Scheiden Personen als Beamte, Richter, Soldaten oder Beschäftigte von Körperschaften, die nach dem 3. 10. 1990 versicherungsfrei waren, aus einer solchen Beschäftigung aus oder verlieren sie ihren Anspruch, so werden sie in der gesetzlichen Rentenversicherung nachversichert. Wegen der zahlreichen organisatorischen Umstellungen ist es nötig zu prüfen, ob das auch tatsächlich geschieht.

Können sich auch Freiberufler befreien lassen? Für Angehörige freier Berufe – Ärzte, Apotheker, Architekten, Notare, Anwälte – besteht die Möglichkeit, sich auf Antrag von der Rentenversicherungspflicht befreien zu lassen, sobald aufgrund von Landesgesetzen eine berufsständische gleichwertige Versorgung gewährleistet ist. Dies kann bei den jeweiligen Kammern erfragt werden.

Sind Wehrdienstleistende versichert? Ja, und zwar besteht ohne Zutun der Wehrdienstleistenden bereits seit dem 3. 10. 1990 eine Pflichtversicherung ohne Beitragszahlung. Die Versicherten müssen darüber schriftlich informiert werden. Wer eine solche Information nicht erhalten hat, muß sie ggf. bei seiner Einheit schriftlich anfordern. Er soll sich dabei auf § 192,3 SGB VI und § 28a,5 SGB IV berufen.

Werden Rentenanrechte bei Scheidung geteilt? Das in der Bundesrepublik geltende Scheidungsrecht sieht für den Scheidungsfall einen sogenannten Versorgungsausgleich vor. Dabei werden die in der Ehezeit erworbenen Rentenanwartschaften der Partner ermittelt, ehezeitlich zusammengezählt und im Scheidungsverfahren hälftig aufgeteilt. Für bereits nach altem DDR-Recht geschiedene Ehen gilt dieses Recht nicht. Auch für Ehen, die zwischen dem 3. 10. 1990 und 31. 12. 1991 geschieden wurden, wird kein Versorgungsausgleich durchgeführt.

Bei Ehescheidungen ab 1. 1. 1992 wird der Versorgungsausgleich durchgeführt. Ausgenommen sind jedoch solche Scheidungen, bei denen bereits vor dem 3. 10. 1990 wirksame Vereinbarungen oder gerichtliche Entscheidungen über die Vermögensverteilung getroffen wurden.

Wird vor dem 31. 12. 1991 eine Scheidung ehemaliger DDR-Bürger im Gebiet der Alt-Bundesrepublik ausgesprochen, so wird der Versorgungsausgleich zwar durchgeführt, jedoch bis zum 1. 1. 1992 ausgesetzt. Wichtig ist diese Regelung immer dann, wenn bis dahin ein Rentenfall eintritt. Dann kann ein vorläufiger Versorgungsausgleich durchgeführt werden.

Dürfen Rentner im Gebiet der ehemaligen DDR hinzuverdienen? Ja, aber derzeit nur 280 Mark monatlich (Stand 1991).

Wie sind freiberufliche Künstler und Publizisten in den neuen Bundesländern versichert? Bis zum 31. 12. 1991 ändert sich für diese Personengruppen nichts. Als Selbständige müssen sie bis dahin ihre Beiträge in voller Höhe selbst tragen, können aber unter bestimmten Voraussetzungen zur Renten- und Krankenversicherung Zuschüsse aus dem Kulturfonds der früheren DDR beziehen.

Ab 1. 1. 1992 ist dann alles ganz anders. Jetzt tritt auch für Künstler/Publizisten das Künstler-Sozialversicherungsgesetz in Kraft, nach dem die Hälfte der Krankenversicherungs- und Rentenbeiträge aus der Künstler-Sozialkasse getragen wird. Freiberufliche Künstler und Publizisten können bei dieser Kasse schon 1991 Informationen erhalten und sich ggf. anmelden. Adresse: Künstler-Sozialkasse, Postfach 669, 2940 Wilhelmshaven.

Braucht jeder Bürger eine Versicherungsnummer? Ja. Jeder Bundesbürger erhält bei Aufnahme seiner ersten Tätigkeit automatisch eine Versicherungsnummer. Sie ist wesentliche Voraussetzung für eine computergerechte Bestandsführung. Grundsätzlich sollten in der zweiten Hälfte 1991 auch die Versicherten, einschließlich der Rentner, in den neuen Bundesländern im Besitz ihrer Versicherungsnummer sein. Wer jetzt noch immer keine Mitteilung mit seiner persönlichen Versicherungsnummer in Händen hat, sollte sich an die zuständige örtliche Stelle der Überleitungsanstalt wenden.

Die Versicherungsverläufe (alle zur Erfassung rentenrechtlicher Zeiten erforderlichen Daten) werden nach den Versicherungsnummern gespeichert. Das kann aber erst ab 1992 geschehen und wird mehrere Jahre in Anspruch nehmen. Falls die dann zuständigen Rentenversicherer Anfragen an Versicherte haben, werden diese angeschrieben. Die Versicherten wenden sich zunächst erst drei Monate vor dem Rentenfall an die zuständige Versicherung. Dort erfahren sie, welche Unterlagen für die Rentenbearbeitung noch benötigt werden. In den Folgejahren werden dann auch die Bürger der neuen Bundesländer schriftliche Versicherungsverläufe erhalten. Diese müssen besonders sorgfältig geprüft werden (siehe hierzu Kapitel 3 ab Seite 34).

Wie verläuft der Beschwerdeweg bei Sozialversicherungsleistungen? Bei den Sozialversicherungen gibt es Widerspruchsstellen. Bis zum 31. 12. 1991 obliegen diese der »Überleitungsanstalt Sozialversicherung«. Ab 1. 1. 1992 sind die Widerspruchsstellen immer den jeweiligen Versicherungsträgern der Renten- oder Krankenversicherung zugeordnet. Die Widerspruchsfrist beträgt einen Monat und nicht mehr nur 14 Tage (wie in der früheren DDR). Wird einem Widerspruch nicht stattgegeben, kann eine gerichtliche Überprüfung beantragt werden. Bevor ein Gericht in Anspruch genommen werden kann, ist der Widerspruch zwingend vorgeschrieben.

In der Bundesrepublik dienen Sozialgerichte der Rechtsfindung. Da es die in der ehemaligen DDR nicht gab, wurden vorerst bei den Kreisgerichten und Bezirksgerichten (als Berufungsinstanz) Kammern für Sozialrecht eingerichtet. Die Klage vor der Kammer für Sozialrecht ist, entsprechend den Regeln für Sozialgerichte in der Bundesrepublik, kostenlos.

Gibt es ein Mitspracherecht für Versicherte in den Rentenversicherungen? Ja. Bei den Sozialversicherungswahlen bekommt jeder Versicherte einen Wahlschein von seiner Rentenversicherung zugeschickt, mit dem er die sogenannten Selbstverwaltungsorgane wählen kann. Die zur Wahl stehenden Kandidaten werden auf der Vertreterversammlung vorgeschlagen. Dazu entsenden die verschiedenen Arbeitnehmervereinigungen Delegierte. Die nächsten Sozialversicherungswahlen finden 1993 statt. Derzeit hat die Überleitungsanstalt nur eine kommissarisch eingesetzte Selbstverwaltung. Grundsätzlich nehmen die Selbstverwaltungsorgane Interessen der Beitragszahler wahr. Da auch die Arbeitgeber 50 Prozent der Beiträge zahlen, sind sie ebenfalls in der Selbstverwaltung vertreten. Ihre Mitglieder werden von den Arbeitgebervereinigungen gewählt.

Werden freiwillige Zusatzversicherungen bei der Rente berücksichtigt? Ja. Für die Arbeitsjahre ab 1971 – zu diesem Zeitpunkt wurde in der damaligen DDR die »Zusatzversicherung«

eingerichtet – kommt es darauf an, ob durch eine freiwillige Zusatzversicherung der Verdienst entsprechend versichert wurde. Ist das der Fall, fällt die Rente, auch nach der Rentenumstellung per 1. 1. 1992, höher aus. Das gilt sowohl für diejenigen Renten, die bereits gezahlt werden, als auch für künftige Rentenzugänge.

Werden bereits laufende Renten neu berechnet? Nein, nicht jede Rente braucht neu berechnet zu werden. Eine gerechte Anpassung der bereits laufenden Renten ist auch ohne Neuberechnung jeder einzelnen Rente möglich. Anders jedoch bei den Witwenrenten: Sie werden ab 1. 1. 1992 nach bundesdeutschem Sozialgesetz geleistet (siehe Seiten 77ff.). Danach sind Witwen nicht erst ab 60 (wie nach ehemaligem DDR-Recht), sondern grundsätzlich beim Tod des Ehegatten rentenberechtigt. Selbstverständlich müssen dazu die entsprechenden Anträge bei der BfA bzw. LVA gestellt werden. Außerdem sind auch Witwer(!) unter bestimmten Voraussetzungen anspruchsberechtigt.

Witwen, die bereits jetzt sowohl eine eigene als auch eine Witwenrente beziehen, erhalten in der ehemaligen DDR noch bis zum 31. 12. 1991 ihre Witwenrente nach altem (DDR-)Recht, das die Rentenansprüche des verstorbenen Ehegatten nur minimal berücksichtigt. Nach bundesdeutschem Rentenrecht müssen jedoch die Rentenansprüche des verstorbenen Ehegatten mit 60 Prozent bewertet werden. Dieses Verfahren wird grundsätzlich eine Neuberechnung der Rente nötig machen, und es kann nur dringend empfohlen werden, bereits jetzt die Rentenunterlagen des verstorbenen Ehegatten zu sichern, durch Beschaffung von Belegen zu komplettieren und für nicht mehr vorhandene Originalunterlagen Ersatzbelege (siehe Stichwort: Ersatzbelege) zu beschaffen. Nach dem 1. 1. 1992 wird es nötig sein, mit der dann zuständigen BfA oder LVA Kontakt aufzunehmen.

Werden die Renten den steigenden Kosten angepaßt? In der Bundesrepublik gibt es bereits seit Jahrzehnten eine jährliche Rentenanpassung, die jeweils zum 1. Juli jeden Jahres vorgenommen wird. Es handelt sich dabei um keine freiwillige Leistung, sondern sie ist gesetzlich so gefordert. Da es in einem vereinten Deutschland nach einer Überleitungszeit nur ein einheitliches Rentenrecht geben kann, gilt die jährliche Rentenanpassung grundsätzlich auch für die neuen Bundesländer und Ost-Berlin.

Darüber hinaus wurde im Einigungsvertrag vereinbart, daß die Renten entsprechend der Entwicklung der Nettoeinkommen in der Ex-DDR anzupassen sind. Bis zum 1. 1. 1991 erfolgten bereits zwei außerplanmäßige Anpassungen. Auch die zum 1. 7. 1991 fällige Anpassung trifft wieder für die Rentner der ehemaligen DDR zu. Während die Renten im Alt-Bundesgebiet um ca. 4,5 Prozent angehoben werden, wird die Anhebung der Ost-Renten höher ausfallen. Die unterschiedlichen Anpassungssätze und ggf. weitere außerplanmäßige Anpassungen werden so lange beibehalten, bis vergleichbare Renten in den östlichen und westlichen Teilen Deutschlands auch den gleichen Betrag aufweisen.

Dabei ist aber ein Grundsatz des Rentenrechts zu beachten: Rente soll ausfallenden Lohn ersetzen. Die gesetzliche Rente soll etwa 60 Prozent des Durchschnittseinkommens aller versicherten Arbeiter und Angestellten betragen. Daraus folgt, daß die Ost-Renten so lange von den West-Renten verschieden sein werden, bis die Löhne und Gehälter in den neuen Bundesländern und in Ost-Berlin mit jenen im Alt-Bundesgebiet gleichgezogen haben. Es wäre sozialrechtlich nicht vertretbar, wenn die Einkommen der Rentner schneller stiegen als die Einkommen der Erwerbstätigen.

Wer hat Anspruch auf Kriegsopfer-Renten? Seit 1. 1. 1991 haben Kriegsopfer Anspruch auf Rente nach dem Bundesversorgungsgesetz. Danach gelten solche Personen als Kriegsopfer, die im Militärdienst oder militärähnlichen Dienst durch Kriegseinwirkung, Gefangenschaft, kriegsbedingte Internierung oder durch eine im Militärdienst erfolgte Zwangsmaßnahme mit Unrechtscharakter einen Schaden erlitten haben. Anspruchsberechtigt sind die Opfer selbst und, im Falle ihres Todes im Krieg und danach, deren Witwen.

Die Versorgung umfaßt Beschädigten- und Hinterbliebenenrente, Bestattungs- und Sterbegeld, Heilbehandlungen und weitere Leistungen der Kriegsopferfürsorge. Zuständig für Antragstellung und Leistung sind die Versorgungsämter. Sofern bei den Gemeindeverwaltungen keine Auskunft zu erhalten ist, welches Amt zuständig ist, kann man bei den bereits eingerichteten Versorgungsämtern der neuen Bundesländer und der größeren Städte anfragen oder auch seinen Antrag stellen (Adressenliste der Versorgungsverwaltungen im Anhang, Seite 166). Die Gefahr, daß Ansprüche durch Fristversäumnis verlorengehen könnten, besteht vorerst nicht: wird ein Antrag auf Kriegsopferversorgung anerkannt, erfolgt die Leistung in jedem Fall rückwirkend per 1. 1. 1991.

Ab wann können ehemalige DDR-Bürger in Rente gehen? Ab 1. 1. 1992 gilt wie im ganzen Bundesgebiet grundsätzlich:

- **Regel-Altersrente** gibt es ab 65 bei einer Mindestversicherungszeit (»Wartezeit«) von fünf Jahren. Bis 31. 12. 1991 beträgt die Mindestversicherungszeit nach altem DDR-Recht noch 15 Jahre. Wer aufgrund dieser Vorschrift z. B. jetzt keine Rente erhält, kann per 1. 1. 1992 Antrag auf Regel-Altersrente stellen, wenn er fünf Versicherungsjahre nachweisen kann. Das wird vor allem vielen Frauen zugute kommen, die wegen Ehe und Kindererziehung keine 15 Versicherungsjahre erreicht haben. Wichtig: Pro Kind wird Frauen ein Versicherungsjahr zugerechnet.
- **Altersrente für langjährig Versicherte** können alle jene in Anspruch nehmen, die mindestens 35 Versicherungsjahre erreicht haben. Das bedeutet für die meisten Männer, daß sie ab 1. 1. 1992 zwei Jahre früher als nach DDR-Recht Altersrente beziehen können.

- **Schwerbehinderte, Berufs- und Erwerbsgeminderte** können Altersrente ab 60. Lebensjahr in Anspruch nehmen, wenn sie bis dahin mindestens 35 Versicherungsjahre erreicht haben.
- **Vorzeitige Altersrente mit 60** können Versicherte erhalten, die vor Rentenbeginn innerhalb der letzten 18 Monate mindestens 52 Wochen arbeitslos waren. Diese Altersrente *müssen* diejenigen in Anspruch nehmen, die von der Bundesversicherungsanstalt für Arbeit (Arbeitsamt) ein Altersübergangsgeld beziehen. Dabei wird diese Zeit als rentenrechtliche Zurechnungszeit gewertet – sie erhöht also die Rente.
- **Altersrente für Bergleute** wird ab 60. Lebensjahr geleistet, wenn sie 25 Jahre unter Tage beschäftigt waren.
- **Renten wegen Berufsunfähigkeit** (etwas ganz Neues für ehemalige DDR-Bürger) werden bereits gezahlt, wenn Versicherte wegen einer gesundheitsbedingten Minderung der Erwerbsfähigkeit in ihrem oder einem anderen zumutbaren Beruf nur noch weniger als die Hälfte eines Gesunden verdienen können. Diese Rente, die eine fortdauernde Erwerbstätigkeit voraussetzt, ist ein Drittel niedriger als die Erwerbsunfähigkeitsrente.

Können jetzt laufende Renten bei der Überleitung ab 1. 1. 1992 gekürzt werden? Nein. Nach dann einheitlichem deutschem Rentenrecht gelten sowohl Vertrauensschutz als auch Schutz des Besitzstandes. Deshalb braucht kein Rentenbezieher zu befürchten, durch Überleitungsmaßnahmen eine Rentenkürzung zu erleiden.

Was wird aus Zusatzversorgungen für Privilegierte? Die Zusatzversorgungssysteme für Mitarbeiter des Staatsapparates, der Parteien und der »werktätigen Intelligenz« sind geschlossen. Sofern schon Rente bezogen wird oder bis 30. 6. 1995 noch ein Leistungsanspruch entsteht, muß laut Einigungsvertrag mindestens derjenige Betrag gezahlt werden, auf den im Juli 1990 Anspruch bestanden hat oder bei Rentenfall bestanden hätte.

9 Besonderheiten für Bergleute (Knappschaft)

Unter Knappschaft werden die in Bergwerken tätigen Bergleute (Knappen) verstanden. Schon seit dem Mittelalter verfügen sie über einen zunftmäßigen Zusammenschluß. Er übernahm damals die Fürsorge für die Mitglieder bei Unfall und Krankheit und schuf dafür die Knappschaftskassen. In Deutschland sind die Beschäftigten des Bergbaus rentenrechtlich in der knappschaftlichen Rentenversicherung pflichtversichert (Adressenverzeichnis im Anhang). Es gibt eine Anzahl wichtiger Besonderheiten in der knappschaftlichen Rentenversicherung.

Welche Betriebe und Personen erfaßt die knappschaftliche Rentenversicherung? Zuständig ist die Knappschaftsversicherung für diejenigen Versicherten, die

1. in einem knappschaftlichen Betrieb oder bei der Bundesknappschaft beschäftigt sind,
2. ausschließlich oder überwiegend knappschaftliche Arbeiten verrichten oder
3. bei Arbeitgeber-/Arbeitnehmerorganisationen mit der Wahrnehmung berufsständischer Interessen beschäftigt sind,

sowie die Mitarbeiter von Oberbergämtern, bergmännischen Prüf-, Forschungs- oder Rettungsstellen.

Die unter 3. Genannten müssen jedoch vor dieser Beschäftigung bereits mindestens fünf Jahre im Bergbau gearbeitet haben.

Als knappschaftliche Betriebe gelten solche, die Mineralien oder ähnliche Stoffe bergmännisch abbauen; Betriebe für Abbau von Steinen und Erde jedoch nur dann, wenn überwiegend unterirdisch gearbeitet wird. Außerdem: Versuchsgruben des Bergbaus sowie Nebenbetriebe eines knappschaftlichen Betriebs, wenn sie mit diesem räumlich und betrieblich zusammenhängen. Als knappschaftliche Arbeiten gelten auch jene räumlich und betrieblich mit einem Bergwerksbetrieb zusammenhängenden Tätigkeiten, die durch ein anderes Unternehmen ausgeführt werden, jedoch nur per Rechtsverordnung des Ministeriums für Arbeit und mit Zustimmung des Bundesrates.

Können Bergleute vorzeitig in Rente gehen? Langfristig unter Tage beschäftigte Bergleute erhalten Knappschaftsruhegeld, wenn sie das 60. Lebensjahr vollendet und (!) die Wartezeit von 25 Jahren erfüllt haben. Bei »verminderter Berufsfähigkeit« können Bergleute mit Vollendung des 50. Lebensjahres Rente empfangen, wenn sie in den letzten fünf Jahren mindestens drei Jahre Pflichtbeiträge geleistet und insgesamt die Wartezeit von 25 Jahren in der knappschaftlichen Rentenversicherung erfüllt haben. Im übrigen gibt es zahlreiche weitere Sonderregelungen für Knappschaftsrenten wegen Berufs- und Erwerbsunfähigkeit. Es ist zu empfehlen, sowohl bei verminderter Berufsfähigkeit als auch bei Berufs- und Erwerbsunfähigkeit einen Knappschafts-Versichertenältesten oder einen privaten Rentenberater im Revier zu befragen, um sicherzustellen, daß die Begünstigungen des Knappschaftsrentenrechts voll ausgeschöpft werden.

Zu diesen Begünstigungen zählen neben den Möglichkeiten früherer Berentung u. a. Knappschaftsausgleichleistungen bei vorzeitiger Berentung wegen Krankheit, geistiger, seelischer oder körperlicher Behinderung, verminderter Berufsfähigkeit oder Entlassung.

Wie wird die Rentenhöhe für Bergleute ermittelt? Die Rentenformel zur Errechnung der Rentenhöhe ist die gleiche wie bei der Arbeiter- und Angestelltenrente. Danach errechnet sich die Höhe der Monatsrente aus den Entgeltpunkten, dem Rentenartfaktor und dem aktuellen Rentenwert. Zur Bedeutung dieser Begriffe und zur Berechnung der Rentenhöhe siehe Kapitel 10 (Rentenberechnung). In der knappschaftlichen Rentenversicherung liegt lediglich der »Rentenartfaktor« um ein Drittel höher als in allen anderen Fällen (siehe Seite 112, Tabelle Rentenartfaktoren). Unter Berücksichtigung dieses höheren Rentenartfaktors kann die Rentenhöhe sehr leicht auch von Angehörigen der Knappschaftsversicherung berechnet werden.

Werden andere Rentenansprüche den Knappschaftsansprüchen zugerechnet? Ja. Wer nicht nur in der knappschaftlichen Rentenversicherung war, sondern auch rentenrechtliche Zeiten in der Arbeiter- oder Angestelltenversicherung erworben hat, dem werden die entsprechenden Entgeltpunkte aus diesen Versicherungen zugerechnet – allerdings nicht mit dem höheren Rentenartfaktor der knappschaftlichen Versicherung. Anrechnungs- und Zurechnungszeiten aus anderen gesetzlichen Rentenversicherungen werden jedoch mit dem knappschaftlichen Rentenartfaktor 1,3333 bewertet.

Die »Rente für Bergleute«, die unter vorstehend genannten Voraussetzungen mit Vollendung des 50. Lebensjahres gezahlt werden kann, errechnet sich ausschließlich aus denjenigen Entgeltpunkten, die auf die knappschaftliche Rentenversicherung entfallen. Die anderswo erworbenen Rentenanrechte werden erst dann zugerechnet, wenn mit Erreichung des 60. bzw. 65. Lebensjahres die Voraussetzungen für eine Altersrente erfüllt werden. Wichtig: Zu diesem Zeitpunkt muß ein neuer Antrag gestellt werden.

Gibt es Leistungszuschläge für Arbeiten unter Tage? Ja. Versicherte erhalten nach sechs Jahren ständiger Arbeit unter Tage für jedes volle Jahr einen Zuschlag zu den die Rente erhöhenden Entgeltpunkten. Er beträgt

für das sechste bis zehnte Jahr	0,125 Entgeltpunkte,
für das 11. bis 20. Jahr	0,250 Entgeltpunkte,
für jedes weitere Jahr	0,375 Entgeltpunkte.

Diese Punkte werden den jährlichen Entgeltpunkten zugerechnet.

Wie wird die »Bergmannsprämie« bei der Rente berücksichtigt? Für Zeiten ab 1. 1. 1972, in denen Versicherte eine Bergmannsprämie erhalten haben, wird ab 1992 bei der Rentenermittlung die tatsächliche Höhe der Prämie berücksichtigt, höchstens jedoch bis zur Beitragsbemessungsgrenze. Das gilt jedoch nicht für den Fall der »Rente für Bergleute«, die bei Vollendung des 50. Lebensjahres gezahlt werden kann.

10 So können Sie sich Ihre Rente selbst ausrechnen

Wer seine Rente selbst berechnen kann, hat zunächst einmal die Möglichkeit, jeden Rentenbescheid aus jeder Rentenart zu überprüfen (Alters-, Erwerbsminderungs-, Witwen- und Waisenrenten) und bei auftretenden Differenzen zwischen Bescheid und eigener Rechnung nachzufragen oder einen Rentenberater zu Rate zu ziehen. Das ist schon ein Vorteil, denn blauäugige Gutgläubigkeit, daß die Rentenversicherung schon alles richtig gemacht hat, ist mindestens bei turbulenten Versicherungsverläufen mit sehr vielen verschiedenen rentenrechtlichen Zeiten keinesfalls angebracht.

Nach der Rentenformel kann man vor allem aber auch zu jedem beliebigen Zeitpunkt den derzeitigen Stand seiner monatlichen Rentenerwartung ausrechnen. Das ist nützlich, um zu erfahren, was man z. B. im Fall von Erwerbs- oder Berufsunfähigkeit zu erwarten hätte oder wieviel Witwen- und Waisenrente die Hinterbliebenen im Todesfall bekämen. Solche Berechnungen zeigen, ob Wechselfälle des Lebens durch die gesetzliche Rentenversicherung hinreichend abgedeckt werden. Sie sind hilfreich für Entscheidungen, ob, wie und in welcher Höhe zusätzliche private Versicherungen abgeschlossen oder andere vermögensbildende Maßnahmen zur Absicherung der Familie getroffen werden sollten.

Schließlich kann man auch seine Rentenerwartung bis zur Altersgrenze von 60 bzw. 63 oder 65 Jahren »hochrechnen«, indem man für bevorstehende Jahre Werte einsetzt, die man für wahrscheinlich hält. Das wird keine sehr genauen Zahlen ergeben, aber doch wenigstens einen Einblick vermitteln, welche Altersrente ungefähr zu erwarten ist.
Nach der Rentenformel ergibt sich

die monatliche Rente MR,
wenn die unter Berücksichtigung des Zugangsfaktors ermittelten Persönlichen Entgeltpunkte PEP,
der Rentenartfaktor RAF
und der Aktuelle Rentenwert AR
mit ihrem Wert bei Rentenbeginn miteinander multipliziert werden. Die Rentenformel lautet also

$$MR = PEP \times RAF \times AR$$

Sie brauchen jetzt wirklich nicht zu erschrecken. Die Rentenformel ist ganz einfach, sobald Sie die einzelnen Begriffe verstehen. Dann brauchen Sie nur noch zusammenzuzählen, abzuziehen, zu teilen oder malzunehmen. Gehen Sie also Schritt für Schritt voran.

Was bedeuten die »Persönlichen Entgeltpunkte« (PEP)? Die Höhe einer Rente richtet sich vor allem nach der Höhe der durch Beiträge versicherten Arbeitsentgelte. Das in den verschiedenen Kalenderjahren eines Arbeitslebens durch Beiträge versicherte Arbeitsentgelt wird in einem ersten Schritt in Entgeltpunkte umgerechnet. Die Versicherung eines Arbeitsentgelts in Höhe des Durchschnittsentgelts aller Versicherten eines Kalenderjahres ergibt einen vollen Entgeltpunkt (Wert 1,0). Liegt das persönlich erzielte Entgelt in dem betreffenden Jahr höher oder niedriger, so erhöht oder erniedrigt sich der Entgeltpunkt, wird also größer oder kleiner als 1,0. Teilen Sie Ihr persönliches Jahresentgelt (Jahr für Jahr Ihres Berufslebens und brutto, wie vom Arbeitgeber bescheinigt) durch das dem Jahr entsprechende Durchschnittsentgelt (siehe Tabelle).
Schreiben Sie die Ergebnisse (Zahlen über oder unter 1,0000) mit vierstelliger Genauigkeit hinter dem Komma auf ein DIN-A4-Blatt untereinander.

Tabelle: Durchschnittsentgelte nach Jahren in DM (RM)

Jahr	Durchschnittsentgelt	Jahr	Durchschnittsentgelt
1941	2297	1967	10219
1942	2310	1968	10842
1943	2324	1969	11839
1944	2292	1970	13343
1945	1778	1971	14931
1946	1778	1972	16335
1947	1833	1973	18295
1948	2219	1974	20381
1949	2838	1975	21808
1950	3161	1976	23335
1951	3579	1977	24945
1952	3852	1978	26242
1953	4061	1979	27685
1954	4234	1980	29485
1955	4548	1981	30900
1956	4844	1982	32198
1957	5043	1983	33293
1958	5330	1984	34292
1959	5602	1985	35286
1960	6101	1986	36627
1961	6723	1987	37726
1962	7328	1988	38896
1963	7775	1989	40000 (geschätzt)
1964	8467	1990	41100 (geschätzt)
1965	9229	1991	42200 (geschätzt)
1966	9893	1992	43300 (geschätzt)

Rechenbeispiele:

Herr A hat 1965 9229 DM verdient. Das ist genausoviel wie das in der Tabelle angegebene Durchschnittsentgelt. Verdienst geteilt durch Durchschnittsentgelt ergibt also genau einen Entgeltpunkt mit dem Wert 1,0000. Hätte er im selben Jahr 12000 DM verdient, so hätte der Entgeltpunkt den Wert (12000 : 9229 =) 1,3002.

Frau B. hat 1981 aus Halbtagsarbeit 15450 DM verdient. Das ist genau die Hälfte des Durchschnittsentgeltes für dieses Jahr (siehe Tabelle). Sie erhält also für 1981 einen Entgeltpunkt mit dem Wert (15450 : 30900 =) 0,5000. Hätte sie statt halbtags nur ein halbes Jahr gearbeitet und ebenfalls 15450 DM verdient, würde sie genau den gleichen Wert erreichen.

Tragen Sie nun für Zeiten der Berufsausbildung unabhängig vom Ausbildungsentgelt pro Jahr Entgeltpunkte von 0,9000 ein, bei nicht kompletten Jahren je Monat davon 1/12 = 0,0750 Entgeltpunkte.

Für Zeiten der Kindererziehung (je Kind ein Jahr) werden pro Monat 0,065 Entgeltpunkte zugerechnet.

Für beitragsfreie Berücksichtigungszeiten werden pro Monat ebenfalls 0,065 Entgeltpunkte zugerechnet. Für beitragsgeminderte Zeiten wird dieser Wert als Mindestwert zugerechnet, kann sich aber im Einzelfall auch erhöhen. (Lassen Sie diese Möglichkeit außer Betracht; die sich daraus ergebende Ungenauigkeit ist geringfügig.) Anrechnungszeiten wegen Krankheit oder Arbeitslosigkeit werden mit 0,0666 Entgeltpunkten (vereinfacht) pro Monat bewertet.

Zählen Sie nun alle Entgeltpunkte auf vier Stellen hinter dem Komma zusammen und ziehen Sie unter die Summe einen dikken Strich.

Wichtige Anmerkung für Bürger der neuen Bundesländer! Die Bewertung Ihrer jährlichen Entgeltpunkte für versicherungspflichtige Beitragszeiten in der Ex-DDR fällt niedriger aus als bei Bürgern der Alt-Bundesrepublik. Das hat seine Ursache in niedrigeren Einkommen und niedrigeren Beitragsleistungen. Die Berechnung von Entgeltpunkten nach obenstehendem Muster kann also vorerst nicht angewendet werden. Sie würde zu vollkommen falschen Ergebnissen führen. Da das Rentenreformgesetz jedoch bereits eine Anhebung niedriger Bewertungen (auf das 1,5fache des erreichten Wertes) für alle Bundesbürger (alt und neu) vorsieht, außerdem im Einigungsvertrag Grundsätze festgeschrieben wurden, die zu einer Rentenangleichung führen sollen, können Sie für eine überschlägige Ermittlung künftiger Rentenerwartungen so verfahren: Schreiben Sie jedem Jahr, das mit DDR-Zeiten belegt ist, mal 0,6 Entgeltpunkte zu. Die Rechnung kann nicht sehr genau werden und schon gar nicht amtlich sein. Aber schlimmer kann es für Sie nicht kommen, eher besser. Berechnen Sie nach diesem Muster auch Schulzeiten nach dem 16. Lebensjahr, Studienzeiten, Ausbildung, Wehrdienst, Zeiten der Kindererziehung (nur für nichtberufstätige Frauen, pro Kind ein Jahr). Also: Immer 0,6 Entgeltpunkte als »Faustregel«!

Von hier an geht es wieder für alle weiter: Zur Erinnerung: Wir hatten die Entgeltpunkte zusammengezogen und dick unterstrichen. Jetzt kommt noch eine weitere Kleinigkeit dazu, der sogenannte **Zugangsfaktor**. Er beträgt genau 1,0000, wenn die Rente mit Erreichen der Regel-Altersgrenze oder wegen verminderter Erwerbsfähigkeit oder als Altersrente für Schwerbehinderte, Berufs- oder Erwerbsunfähige bewilligt wird (»zugeht«). In diesen Rentenfällen kann man also den Zugangsfaktor gleich wieder vergessen.
Rechnerisch interessant wird der Zugangsfaktor ab 1992 für diejenigen, die ihre Rente nicht mit 65, sondern erst später in Anspruch nehmen wollen. In solchen Fällen erhöht sich der Zugangsfaktor pro Monat um den Wert 0,005. Das hat eine Rentenerhöhung von sechs Prozent pro Jahr zur Folge.

Rechenbeispiel:
Herr C. vollendet im April 1992 sein 65. Lebensjahr und könnte ab Mai 1992 seine Altersrente mit dem Zugangsfaktor 1,000 erhalten. Er wartet aber noch ein Jahr ab und nimmt die Rente erst ab Mai 1993 in Anspruch. Dafür erhöht sich sein Zugangsfaktor um (12 × 0,005 =) 0,060 auf insgesamt 1,060. Seine Rente und auch eine spätere Witwenrente erhöhen sich dadurch um 6 Prozent. Wäre seine Rentenerwartung 1992 = 2000 DM gewe-

sen, so wird sie 1993 durch ein Jahr Rentenverzicht = 2120 DM monatlich.

Wann lohnt sich solch ein Weg? Immer dann, wenn man selbst noch auf eine weitere Lebenserwartung von wesentlich mehr als zehn Jahren hofft, und vor allem dann, wenn man eine deutlich jüngere Ehefrau hat, die nach dem Tod des Versicherten somit ebenfalls eine höhere Witwenrente bekäme.

Sie haben jetzt Ihre **Persönlichen Entgeltpunkte (PEP)** ausgerechnet. Nehmen wir einmal an, Sie kämen dabei auf die Zahl 45. Sie unterstreichen also Ihr persönliches Ergebnis und machen den nächsten Schritt:

Sie ermitteln jetzt Ihren Rentenartfaktor. Je nach Art der Rente sollen mit dem Rentenartfaktor unterschiedliche Ziele abgesichert werden: Eine Rente wegen Alters oder wegen Erwerbsunfähigkeit soll möglichst eine volle Sicherung erreichen. Der Rentenartfaktor beträgt deshalb = 1,0000.

Eine Rente wegen Berufsunfähigkeit, die von einer weiteren, wenn auch geminderten Erwerbstätigkeit ausgeht, soll 2/3 des Lebensstandards sichern. Der Rentenartfaktor beträgt deshalb 0,6667.

Witwen bzw. Witwer sollen nach einer Übergangsphase grundsätzlich 60 Prozent der Versicherung des Verstorbenen erhalten; Personen unter 45 Jahren, die kinderlos und nicht berufstätig sind, beziehen lediglich 25 Prozent usw.

Die folgende Tabelle zeigt den Rentenartfaktor, mit dem die Persönlichen Entgeltpunkte (als Beispiel hatten wir PEP = 45 angenommen) nun malgenommen werden. Streichen Sie einfach an, welche Rentenart für Sie in Frage kommt.

Tabelle zur Ermittlung des Rentenartfaktors

	Arbeiter- und Angestelltenfaktor	Knappschaftsrentenfaktor
1. Renten wegen Alters	1,0000	1,3333
2. Berufsunfähigkeit	0,6667	0,8000 (bei weiterhin knappschaftlich versicherter Tätigkeit)
	sonst	1,2000
3. Erwerbsunfähigkeit	1,0000	1,3333
4. Renten für Bergleute	–	0,5333
5. Erziehungsrenten	1,0000	1,3333
6. Kleine Witwen-/Witwerrente bis Ende des 3. Kalendermonats nach dem Sterbemonat	1,0000	1,3333
anschließend	0,2500	0,3333
7. Große Witwen-/Witwerrente bis Ende des 3. Kalendermonats nach Sterbemonat	1,0000	1,3333
anschließend	0,6000	0,8000
8. Halbwaisenrenten	0,1000	0,1333
9. Vollwaisenrenten	0,2000	0,2667

Bergleute erhalten außerdem für die zusätzlichen Entgeltpunkte für ständige Arbeiten unter Tage (siehe auch Seite 112)

a) bei Renten wegen Berufsunfähigkeit	1,3333
b) bei Renten für Bergleute	1,3333
c) bei kleiner Witwen-/Witwerrente bis Ende des 3. Kalendermonats nach Sterbemonat	1,3333
anschließend	0,8000

Sie schreiben jetzt ganz einfach neben Ihre unterstrichenen Persönlichen Entgeltpunkte (PEP) Ihren Rentenartfaktor (RAF). Als Beispiel hatten wir PEP = 45 angenommen. Be-

trägt Ihr Rentenartfaktor = 1,0000, dann bleibt es also bei der Zahl 45, denn
(PEP) 45 × (RAF) 1,0 = 45.

Beträgt der Rentenartfaktor (z. B. bei großer Witwenrente ab 4. Monat) 0,6000, dann würden Sie so rechnen:
(PEP) 45 × (RAF) 0,6 = 27

Rechnen Sie eine Bergmannsrente wegen Erwerbsunfähigkeit aus, dann so:
(PEP) 45 × (RAF) 1,3333 = 59,9985

Was Sie jetzt noch brauchen, ist der Aktuelle Rentenwert (AR). Ohne ihn wäre die Stellung der Rentner im Einkommensgefüge im Verhältnis zu den Erwerbstätigen für die gesamte Dauer des Rentenbezugs nicht gesichert. Es muß ja nicht nur eine ständige Anpassung der laufenden Renten (jeweils zum 1. Juli eines Jahres) erfolgen, sondern auch eine Anpassung der Anwartschaft auf künftige Renten. Denn wenn die Ausgangsposition bei Beginn einer Rente nicht stimmt, stimmen die späteren Anpassungen auch nicht. Der Aktuelle Rentenwert (AR) wird deshalb zum 1. Juli jeden Jahres angepaßt. Er ist eine Rechengröße, und Sie brauchen sich nicht darum zu kümmern, wie sie zustande kommt. Er beträgt per Datum
1. 7. 1990 bis 30. 6. 1991: **AR = 39,58 Mark**
1. 7. 1991 bis 30. 6. 1992: **AR = 41,36 Mark**.

Wenn Sie jetzt wissen wollen, wie hoch Ihre Monatsrente zum Rechenzeitpunkt sein wird, brauchen Sie nur so vorzugehen: Persönliche Entgeltpunkte PEP mal Rentenartfaktor RAF mal Aktueller Rentenwert AR, als Formel ausgedrückt (siehe auch Seite 107):

PEP × RAF × AR

Rechenbeispiele (wir hatten PEP = 45 angenommen):
Z. B. bei Alters- oder Erwerbsunfähigkeitsrente:
(PEP) 45 × (RAF) 1,0000 × (AR) 41,36 = 1861,20 DM
Z. B. bei großer Witwenrente ab 4. Monat:

(PEP) 45 × (RAF) 0,6000 × (AR) 41,36 = 1116,72 DM
Z. B. bei Bergmannsrente wegen Erwerbsunfähigkeit:
(PEP) 45 × (RAF) 1,3333 × (AR) 41,36 = 2481,54 DM

Rentenberechnung für die Zukunft. Nun kommt aber ein Problem: Erwerbstätige wollen nicht nur wissen, was sie zum Tage ihrer Rechnung bekämen, sondern auch, was sie bekommen werden, wenn sie einmal in Rente gehen. Das rauszubekommen ist nicht schwieriger, sondern dauert lediglich etwas länger. Und die Rechnung wird etwas ungenauer. Zukunftsrechnungen können stets nur ungefähr anzeigen, wie hoch die Rente einmal sein wird, und zwar deshalb, weil niemand genau voraussagen kann, ob der von der Wirtschaftsentwicklung und den entsprechenden Einkommen abhängige Aktuelle Rentenwert (AR) in immer gleichen Sprüngen steigen wird. Und weil der Rechner nicht wissen kann, wie seine vom persönlichen Einkommen abhängigen Entgeltpunkte sich entwickeln werden.

Erfahrungswerte und Schätzungen helfen da weiter. Es wäre z. B. eine durchaus behutsame Prognose, für die nächsten fünf Jahre jährliche Rentensteigerungen von ca. drei Prozent (immer bezogen auf den Ausgangswert 1992 = 41,36) anzunehmen, danach vielleicht nur noch zwei Prozent. Diese Annahmen würden den Aktuellen Rentenwert (AR) ab 1. 7. jeden Jahres dann folgendermaßen erhöhen:
1993 AR = 42,60 DM, 3 Prozent vom Ausgangswert
1994 AR = 43,84 DM, 6 Prozent vom Ausgangswert
1995 AR = 45,08 DM, 9 Prozent vom Ausgangswert
1996 AR = 46,32 DM, 12 Prozent vom Ausgangswert
1997 AR = 47,56 DM, 15 Prozent vom Ausgangswert
Für jedes weitere Jahr ab 1998 könnte man dem Aktuellen Rentenwert dann überschlägig 1 DM zurechnen.

Beispiel:
Im Jahr 2007 wird Herr D. 65 und will zu diesem Zeitpunkt seine Altersrente in Anspruch nehmen. Er erreicht bis dahin 45

Persönliche Entgeltpunkte (PEP). Seine Rechnung ergibt in diesem Fall eine Monatsrente (MR) von
(PEP) 45 × (RAF) 1,000 × (AR) 57,56 = 2590,20 DM.

Neben dieser behutsamen Vorausschätzung kann man auch eine optimistischere Rechnung aufmachen. Sie geht von gleichen Prozentsätzen aus, bezieht aber die jährlichen Steigerungen des Aktuellen Rentenwertes (AR) jeweils auf die Höhe des vorausgegangenen Jahres. Danach kämen bei einem Ausgangswert 1992 = 41,36 DM folgende Entwicklungen zustande:
1993 = AR 42,60 DM
1994 = AR 43,88 DM
1995 = AR 45,20 DM
1996 = AR 46,56 DM
1997 = AR 47,96 DM (bis hierher jährlich 3 Prozent)
1998 = AR 48,92 DM (von hier ab jährlich 2 Prozent)
1999 = AR 49,90 DM
2000 = AR 50,90 DM
2001 = AR 51,92 DM
2002 = AR 52,96 DM
2003 = AR 54,02 DM
2004 = AR 55,10 DM
2005 = AR 56,20 DM
2006 = AR 57,32 DM
2007 = AR 58,47 DM
Die entsprechende *Beispielrechnung*:
Herr D. würde im Jahr 2007 folgende Monatsrente bekommen:
(PEP) 45 × (RAF) 1,000 × (AR) 58,47 = 2631,15 DM

Während also etwas größere oder kleinere Verschiebungen des Aktuellen Rentenwertes lediglich zu verhältnismäßig geringen Unterschieden in der Rentenhöhe führen, schlagen die persönlichen Entgeltpunkte viel stärker zu Buche. Wir haben in allen Rechenbeispielen zur Rentenberechnung bisher immer PEP = 45 angenommen. 45 Entgeltpunkte erreicht man zum Beispiel, wenn man 45 Jahre lang im Mittel genau das jeweilige Jahresdurchschnittseinkommen aller Versicherten verdient hat (siehe

Tabelle Seite 108). In einzelnen Jahren kann das natürlich mehr oder auch weniger gewesen sein. Für die bisherigen Beispiele zur Vorausberechnung wurde ebenfalls fiktiv angenommen, daß »Herr D« in künftigen Jahren bis zu seiner Berentung immer Durchschnitt verdienen wird.

Ergeben die in der Lebensarbeitszeit erworbenen persönlichen Entgeltpunkte (PEP) aufgrund über- oder unterdurchschnittlicher Einkommen oder kürzerer bzw. längerer rentenrechtlicher Zeiten jedoch mehr oder weniger als Durchschnitt, so ändern sich die Rentenerwartungen sehr stark. Dazu eine Anzahl von Rechenbeispielen, wie die Rente bei unterschiedlichen Entgeltpunkten (PEP) in Fünfjahresabständen etwa aussehen könnte:

Tabelle: Ungefähre Rentenhöhe (in DM) aus Persönlichen Entgeltpunkten (PEP) × Aktuellem Rentenwert (AR)

Im Jahr		1992	1997	2002	2007
Bei	25 PEP	1034	1199	1324	1461
	30 PEP	1240	1438	1588	1754
	35 PEP	1447	1678	1853	2046
	40 PEP	1654	1918	2118	2338
	45 PEP	1861	2158	2383	2631
	50 PEP	2068	2398	2648	2923
	55 PEP	2274	2637	2912	3215
	60 PEP	2481	2877	3177	3508
	65 PEP	2688	3117	3442	3800
	70 PEP	2895	3357	3707	4092
	75 PEP	3102	3597	3972	4385

Wurde die Rente früher anders berechnet? Ja. Alle bisherigen Rentenbescheide wurden nach der alten, umständlicheren Rentenformel erteilt. Die neue Rentenformel führt jedoch stets, also für Vergangenheit und Zukunft, zu gleichen Ergebnissen. Es kann somit jeder ab 1. 7. 1989 (Aktueller Rentenwert AR = 38,39 Mark) zugegangene Rentenbescheid auch nach der neuen Formel nachgeprüft werden, und Sie brauchen sich über die alte Formel nicht mehr den Kopf zu zerbrechen. Wenn Sie diese noch in der Schublade haben: Werfen Sie sie einfach weg.

Wie sollen Bürger in den neuen Bundesländern denn nun mit Rentenzeiten ab 1992 umgehen? Ab 1992 werden alle künftigen rentenrechtlichen Zeiten auch für Bürger im Gebiet der ehemaligen DDR und in Ost-Berlin genauso gerechnet wie hier angegeben. Anders gesagt: Für künftige Zeiten gilt einheitliches Recht. Die Entgeltpunkte werden nach der Rechnung *Bruttoeinkommen geteilt durch Durchschnittseinkommen* (Tabelle Seite 108) ermittelt. Je schneller die Einkommen und damit auch die Renteneinzahlungen in den neuen Bundesländern steigen, je mehr Berufsjahre noch zurückgelegt werden, desto höher wird die Rentenerwartung, desto weniger schlagen die Nachteile aus vergangenen DDR-Zeiten zu Buche.

Gibt es noch weitere Sonderfälle, die bei der Ermittlung von Rentenanrechten berücksichtigt werden? Ja. Das neue, ab 1992 geltende Rentenrecht enthält mehrere Sonderregelungen für die Bewertung beitragsfreier und -geminderter Zeiten.

- Als Zeiten der Kindererziehung werden für Geburten ab 1992 statt bisher einem Jahr je Kind künftig drei Jahre angerechnet. Mutter und Vater haben die Möglichkeit, diese Zeit durch übereinstimmende Erklärung untereinander beliebig aufzuteilen (siehe auch Seiten 70ff.).
- Als Berücksichtigungszeiten gelten für Geburten ab 1992 weitere sieben Jahre der Kindererziehung (bis zum zehnten Lebensjahr) sowie Zeiten einer nicht erwerbsmäßigen Pflege von Pflegebedürftigen (Antrag erforderlich!). Diese Zeiten erhöhen zwar nicht die Rentenerwartung, dienen aber der Auffüllung der verschiedenen Wartezeiten.
- Als Anrechnungszeiten werden unter verschiedenen Voraussetzungen anerkannt: krankheitsbedingte Arbeitsunfähigkeit, Rehabilitation, Mutterschutzzeiten, Arbeitslosigkeit,

Schul-, Fachschul-, Hochschulzeiten nach dem 16. Lebensjahr für maximal sieben Jahre. Immer muß die Rentenversicherung informiert werden (Belege erforderlich).

- Für die Zurechnungszeit bei Renten wegen Berufs- oder Erwerbsunfähigkeit entfallen die bisherigen Anspruchsvoraussetzungen der Halbbelegung und der verkürzten Halbbelegung sowie die Vorschrift, daß von den letzten 60 Monaten vor Eintritt des Versicherungsfalls mindestens 36 Monate mit Pflichtbeiträgen belegt sein müssen.

Darüber hinaus werden beitragsfreie und beitragsgeminderte Zeiten überwiegend günstiger bewertet. Beitragsfreie Zeiten sind u. a. solche, in denen für die Rentenberechnung so getan wird, als sei man versichert gewesen (also z. B. Zeiten der Kindererziehung). Beitragsgeminderte Zeiten sind solche, die eigentlich beitragsfrei waren, für die aber doch freiwillige Beiträge gezahlt worden sind. Für diese Zeiten wird ab 1992 die sogenannte Gesamtleistungsbewertung eingeführt. Sie geht von der Gesamtleistung an Entgeltpunkten aus, die während eines Erwerbslebens erreicht wurde. Ergibt sich dabei ein hoher Durchschnittswert, so werden die Entgeltpunkte für beitragsfreie Zeiten entsprechend höher bewertet als die Pauschalsätze. Zugleich bestimmt das Gesetz, daß beim Vergleich zweier Bewertungsmethoden stets derjenige Wert für die Rentenberechnung herangezogen werden muß, der günstiger ist.

In aller Regel handelt es sich hier um relativ kurze Zeiträume, die sich zwar günstig auf die Rente und niemals ungünstig auswirken können, aber doch keine gewaltigen Unterschiede machen. Wer seine Rentenerwartungen selber ausrechnet, sollte diese Sonderregelungen besser außer acht lassen.

Anders beim Rentenbescheid. Wer solche Anrechnungszeiten beansprucht, sollte stets dann einen privaten Rentenberater mit der Überprüfung seines Bescheides beauftragen, wenn er selbst die Erklärungen dazu nicht voll versteht. Und er kann auch schon seinen Rentenantrag über einen solchen Rentenberater stellen lassen. Das dafür verlangte Honorar (fragen Sie vorher, wie teuer es wird) kann sich lohnen oder auch nicht – in jedem Fall gewinnt der Rentenanwärter Sicherheit darüber, daß alles seine Ordnung hat und nichts vergessen wurde.

11 Zusätzliche Altersversorgung durch private Vorsorge

Die gesetzlichen Rentenversicherungen zielen darauf ab, mit der Rentenreform 1992 die Altersversorgung, die Versorgung bei vorzeitiger Berufs- und Erwerbsunfähigkeit und die Hinterbliebenenversorgung beim Tod des Versicherten auf möglichst viele Jahre sicherzustellen. Allerdings muß sich jeder Pflichtversicherte darüber klar sein, daß es bei der neuen Rentenregelung nicht in erster Linie um die Schaffung sozial günstigerer Strukturen ging, sondern zwangsläufig darum, durch Sparmaßnahmen eine Grundversorgung sicherzustellen.

Ob nun der Versicherte der Ansicht ist, diese Grundversorgung müsse ganz einfach ausreichen und man müsse sich im Alter oder bei vorzeitiger Invalidität eben entsprechend einschränken, oder ob er weitere, zusätzliche Vorsorge für die Wechselfälle des Lebens einschließlich der Sicherstellung seiner Familie für den eigenen Todesfall treffen will, muß jeder selbst entscheiden. Als Entscheidungshilfen werden die folgenden Überlegungen angeboten:

1) Die normalen gesetzlichen Altersrenten liegen in aller Regel bei ca. 60 Prozent der letzten Nettoeinkommen, oft jedoch niedriger. Renten wegen vorzeitiger Erwerbsunfähigkeit erreichen nur ca. 55 Prozent der letzten Nettoeinkommen. Das wird in späteren Jahren eher weniger sein, keinesfalls mehr.

2) Die Rentenanpassungen steigen ab 1992 nicht mehr wie bisher nach den Bruttoeinkommen der Einzahler. Man spricht von nettoeinkommenbezogenen Rentenanpassungen. Es ist nicht wichtig zu wissen, wie das gerechnet wird. Sicher ist lediglich, daß künftige Anpassungen geringer ausfallen, als sie nach der bisherigen Rechenweise ausgefallen wären.

3) Die neue Rentenregelung wird sicherlich bis ins nächste Jahrtausend Bestand haben. Vor allem jüngere Versicherte unter 45 Jahren müssen aber beachten, daß sie ihre Altersrenten zu einem Zeitpunkt beziehen werden, von dem heute noch keiner weiß, ob die nach heutiger Berechnung zu erwartenden Renten dann auch in dieser Höhe gezahlt werden können. Einiges spricht dafür, daß das nicht der Fall sein wird.

4) Die »Einheitsrente«, von der Laien immer wieder reden, wird es auch bei einer späteren Rentenreform nicht geben. Alle politischen Kräfte und Rentenfachleute sind sich einig, daß die leistungsbezogene Rentenberechnung auch bei späteren notwendig werdenden Änderungen des Rentensystems im Kern erhalten bleiben muß. Es lohnt also weder jetzt noch in Zukunft, durch Schwarzarbeit Einzahlungen in die gesetzliche Rentenversicherung zu unterlaufen.

5) Die Unsicherheitsfaktoren für die nächsten zehn Jahre sind durch die deutsche Wiedervereinigung nicht geringer, sondern größer geworden. Zwar geben Rentenexperten überwiegend günstige Prognosen ab, aber es gibt auch gegenteilige Meinungen, und die nehmen zu.

6) Beamte erhalten bei Erreichung der Altersgrenze eine Pension von ca. 75 Prozent ihrer letzten Nettobezüge. Das sind annähernd 15 Prozent mehr, als durch die gesetzlichen Rentenversicherungen für Arbeiter und Angestellte erreicht werden kann. Wenn der Staat der Meinung ist, daß 75 Prozent eine bedarfsgerechte Altersversorgung darstellen, dann haben alle übrigen Berufsgruppen im Alter grundsätzlich die gleichen Bedürfnisse. Sicher ist jedoch, daß diese Bedürfnisse durch die gesetzlichen Rentenversicherungen nicht erfüllt werden können.

7) Die insbesondere bei jüngeren Jahrgängen immer noch verbreitete Ansicht, im Alter brauche man nicht mehr soviel Geld wie in jüngeren Jahren, ist verheerend falsch. Mieten beanspruchen bereits heute bis zu 30 Prozent der Klein- und Mittel-

einkommen und werden weiter steigen. An die Stelle von Reisen treten im Alter Kuren, die größtenteils aus eigener Tasche bezahlt werden müssen. Die Altenpflege in Heimen überschreitet jetzt bereits die 4000-Mark-Grenze. Im Alter muß man sich Hilfen erkaufen, die man in jüngeren Jahren durch Selbsthilfe einsparen kann. Und sehr wichtig: Am Ende eines Arbeitslebens kann nicht die Verarmung der Rentner stehen!

8) Altersvorsorge muß während des Arbeitslebens erkauft werden. Den Anspruch auf gesetzliche Grundversorgung erwerben Arbeiter und Angestellte durch Beiträge. Entsprechende Vorsorgemaßnahmen können nur getroffen und langfristig durchgehalten werden, wenn sie im Einklang mit dem Arbeitseinkommen stehen, und oft sind private Zusatzversorgungen nur durch weiteren Konsumverzicht zu erreichen.

9) Auf seiten der Gesetzgeber ist man sich bewußt, daß die gesetzlichen Renten nur eine Grundversorgung darstellen. Deshalb fördert der Staat eine ganze Anzahl von zusätzlichen Vorsorgemaßnahmen, zu denen die betrieblichen Altersversorgungen, Sparverträge, Lebensversicherungen und Eigentumserwerb an Wohnraum gehören.

10) Zwischen der gesetzlichen Grundversorgung und einer bedarfsdeckenden Altersversorgung ohne einschneidenden sozialen Abstieg klafft die sogenannte »Versorgungslücke«, die mit etwa 15 Prozent beziffert wird. Es ist also zu überlegen, wie man diese Versorgungslücke mit Hilfe staatlich oder betrieblich geförderter Vorsorgemaßnahmen schließen kann.

11) Die Versorgungslücke vergrößert sich bei vorzeitiger Berentung um 3,6 Prozentpunkte pro Jahr. Wer also mit 62 Jahren in Rente gehen will, muß mit einer um 10,8 Prozent kleineren Rente vorliebnehmen. Frühzeitige Planung eines vorzeitigen Ausstiegs aus dem Berufsleben muß also die Vorsorge einschließen, die errechenbar niedrigere gesetzliche Rente durch andere Einkünfte auszugleichen.

12) In bezug auf private zusätzliche Vorsorgemaßnahmen wird immer wieder die Frage gestellt, wie »sicher« zum Beispiel Lebensversicherungen oder betriebliche Versorgungszusagen überhaupt sind. Dazu kann man grundsätzlich sagen: Die gesetzlichen Sicherungen, die der Staat zum Schutz der Vorsorgenden geschaffen hat, sind die besten der Welt. Die deutsche Währung gehört zu den besten der Welt. Und die deutschen Versicherer gehören zu den sichersten der Welt. Vom totalen Staatsbankrott abgesehen, ist es so gut wie ausgeschlossen, daß erbrachte Vorsorgeleistungen verlorengehen. Die verbleibenden Risiken liegen bei den verschiedenen Anlageformen in unterschiedlichen Verzinsungen, Renditen und Belastungen.

Die folgenden Abschnitte wollen einen Überblick geben über die verschiedenen Möglichkeiten zusätzlicher privater Vorsorge, um sowohl für das Alter als auch für den Invaliditätsfall und den Todesfall des Hauptverdieners über die gesetzliche Grundversorgung hinaus den Lebensstandard zu sichern. Dabei wird auch darauf eingegangen, welche Vorteile, Nachteile und Restrisiken sich für den Vorsorgenden daraus ergeben können.

A *Betriebliche Altersversorgung*

Gibt es einen Anspruch auf betriebliche Altersversorgung?
Nicht ohne weiteres. Der Arbeitgeber ist nicht zur Gewährung einer zusätzlichen Altersversorgung verpflichtet. Der Anspruch auf eine Anwartschaft kann durch eine Betriebsvereinbarung, durch Tarifvertrag oder durch einen Einzelvertrag begründet werden. Besteht eine solche Vereinbarung, so ist der Arbeitgeber gesetzlich verpflichtet, die vereinbarten Leistungen auch zu erbringen und finanzielle Rückstellungen zu sichern, die die spätere Zahlung garantieren.

Nur bei einzelvertraglichen Zusagen darf der Rechtsanspruch eingeschränkt und dem Arbeitgeber ein Widerrufsrecht vorbehalten bleiben. Bei allen kollektiven Versorgungszusagen darf niemand ausgeschlossen werden, der zum bezeichneten Kollektiv gehört. Die Risiken unklarer Verträge gehen zu Lasten des Arbeitgebers. Die Vereinbarungen können auch mündlich getroffen werden; jeder Arbeitnehmer sollte jedoch auf eine schriftliche Zusage drängen, gegen die sich der Arbeitgeber auch kaum wehren wird, weil zur Ausnutzung seiner Steuervorteile auch er die Schriftform benötigt.

Hat die Witwe eines Arbeitnehmers Anspruch auf betriebliche Altersversorgung? Auch das ist eine Frage der kollektiv- oder einzelvertraglichen Vereinbarung. Es besteht keine automatische Verpflichtung, z. B. daß ein Ruhegeld ganz oder teilweise auch an die Witwe eines ruhegeldberechtigten Arbeitnehmers zu zahlen ist. Ist jedoch diese Leistung ausdrücklich vereinbart, muß sich der Arbeitgeber auch daran halten.

Wie erfährt man, ob die Firma betriebliche Altersversorgung gewährt oder nicht? Am besten, man fragt den Betriebsrat. Bei einem ersten Bewerbungsgespräch mit der Personalstelle macht es oft einen ungünstigen Eindruck, gleich nach betrieblicher Altersversorgung zu fragen. Bevor man einen Arbeitsvertrag unterschreibt, sollte jedoch auch die Frage geklärt werden, ob eine Form betrieblicher Altersversorgung besteht.

Soll man bei Bewerbungen Betriebe bevorzugen, die eine betriebliche Altersversorgung bieten? Im Grunde schon, wenn man die Wahl hat. Zwar werden betriebliche Geldleistungen vom Arbeitgeber stets auch als Teile des Arbeitseinkommens gewertet, so daß man in Betrieben ohne diese Leistung oft etwas höhere Einkommen erzielt. Aber betriebliche Zusatzversorgungen sind überwiegend so vorteilhaft gestaltet, daß die erworbenen Versorgungsansprüche in äußerst günstigem Verhältnis zu den anteiligen Einkommensanrechnungen stehen.

Wie sieht die betriebliche Altersversorgung aus? Da sie eine weitgehend freiwillige Leistung der Unternehmen ist, gibt es zahlreiche Varianten: Das innerbetriebliche Ruhegeld, der Abschluß von Lebensversicherungen zugunsten des Arbeitnehmers, die Einrichtung von Unterstützungskassen sind die häufigsten Formen. Die freiwillige Höherversicherung bei der gesetzlichen Rentenversicherungsanstalt wurde früher oft praktiziert, ist aber unvorteilhaft, weil die eingezahlten Anwartschaftsanteile nicht an der dynamischen Rentenanpassung teilnehmen. Arbeitgeber, die noch Höherversicherungen für Mitarbeiter einzahlen, sollten mit den Begünstigten über vorteilhaftere betriebliche Vorsorgeleistungen diskutieren.

Was bedeutet innerbetriebliches Ruhegeld? Der Arbeitgeber verpflichtet sich vertraglich zur Zahlung von Versorgungsbezügen, überwiegend ab 65. Lebensjahr und bei vorzeitiger Erwerbsunfähigkeit. Für die Erfüllung der Zusage haftet der Unternehmer sowohl mit seinem Betriebsvermögen als auch mit dem gesamten Privatvermögen. Der Arbeitgeber kann die Versorgungsbezüge aus seinem Gewinn bezahlen; fast immer werden jedoch Rückstellungen vorgenommen, die als Anlagemittel im Betrieb verbleiben. Zur Aufbringung der Mittel werden überwiegend Rückdeckungsversicherungen abgeschlossen.

Wie hoch sind Betriebsrenten? Auch das ist Vereinbarungssache. Ganz überwiegend werden pro Jahr Betriebszugehörigkeit 0,5 Prozent des Einkommens als Anrechtsanteil gewährt, so daß bei 40jähriger Betriebszugehörigkeit ein Anspruch in Höhe von ca. 20 Prozent des (über 40 Jahre) durchschnittlichen Monatseinkommens entsteht. Damit wäre die Versorgungslücke zwischen gesetzlicher Grundversorgung und letztem Arbeitseinkommen ungefähr geschlossen. Aber in Wirklichkeit ist ja nicht jeder Arbeitnehmer vom Beginn seines Arbeitslebens bis zur Berentung immer im selben Betrieb oder in einem anderen mit gleicher Leistung tätig. Auch läßt sich kaum voraussagen, ob man bis zur Berentung in dem Betrieb bleibt, der eine Betriebsrente zahlt. Die tatsächliche Höhe einer später mal zu erwartenden Betriebsrente läßt sich also nicht immer vorausbestimmen.

Gehen bei Betriebswechsel erworbene Versorgungsansprüche verloren? Das kann passieren. Wegen der vielfach in Versorgungsverträgen enthaltenen Klausel, daß zum Zeitpunkt des Versorgungsfalles das Arbeitsverhältnis bestehen muß, werden dem Arbeitnehmer gewisse Fesseln angelegt, die ihn unter Umständen daran hindern, zu einem späteren Zeitpunkt anderswo eine besser bezahlte Tätigkeit aufzunehmen. Der Gesetzgeber hat deshalb eine Reihe von Bedingungen genannt, bei deren Zutreffen die erworbenen Versorgungsansprüche nicht verlorengehen können. Das ist immer dann der Fall, wenn im Zeitpunkt der Beendigung des Arbeitsverhältnisses der Arbeitnehmer das 35. Lebensjahr vollendet hat und die Versorgungszusage entweder mindestens zehn Jahre bestanden hat oder die Betriebszugehörigkeit mindestens zwölf Jahre und die Versorgungszusage mindestens drei Jahre bestanden hat. In diesen Fällen hat der Arbeitnehmer das »Mitnahmerecht«. Sein Anspruch ruht bei der Firma, die die Versorgungszusage erteilt hat. Dort muß diese im Versorgungsfall auch eingefordert werden. Es ist empfehlenswert, sich diese Ansprüche beim Ausscheiden aus einem Betrieb schriftlich bestätigen zu lassen und ggf. beim Betriebsrat oder der Gewerkschaft oder bei einem Arbeitsgericht die Rechtslage zu klären.

Gehen die erworbenen Rentenansprüche verloren, wenn die Firma in Konkurs geht? Das konnte in früheren Jahren passieren. Da der Unternehmer heute jedoch mit seinem Gesamtvermögen haftet und grundsätzlich auch eine Insolvenzversicherung abgeschlossen hat, sind die erworbenen Ansprüche bei Insolvenz (Konkurs, Vergleich, Betriebsschließung) gesichert. In seltenen Fällen kann es zu einer Kürzung oder zum Wegfall der Versorgungsansprüche kommen, wenn nämlich der Unternehmer nach Einsatz seines Gesamtvermögens nicht mehr leisten kann und (!) die Insolvenzversicherung aus rechtlichen Gründen die Leistung verweigert. Deshalb ist es wichtig, bei Firmenpleiten unverzüglich mit dem Betriebsrat Kontakt aufzunehmen und ggf. den Konkursverwalter über die Ansprüche zu informieren. In Streitfällen erteilen die Arbeitsgerichte und die zuständige Gewerkschaft die nötigen Auskünfte.

Besteht gleich beim Eintritt in eine Firma Anspruch auf betriebliches Ruhegeld? Auch das ist eine Frage der kollektiven oder individuellen Vereinbarung. Ganz überwiegend sind zusätzliche Betriebsrenten an mehrjährige Tätigkeit im gleichen Unternehmen gebunden. Das heißt: Zu den Anspruchsvoraussetzungen gehört z. B. eine zehn- oder fünfjährige Betriebszugehörigkeit. Von da an ist der Anspruch unverfallbar. Für die Höhe eines Altersruhegeldes zählen dann jedoch alle im Betrieb zurückgelegten Jahre. Bei Erwerbsunfähigkeit wird in der Mehrzahl der Fälle ohne Karenzzeit eine Mindestrente gezahlt. Das bedeutet, daß ein Arbeitnehmer mit einer solchen Versorgungszusage bereits nach wenigen Monaten Betriebszugehörigkeit bei Erwerbsunfähigkeit Betriebsrente bekommt, während seine Ansprüche verfallen, wenn er z. B. nach zwei Jahren die Firma wechselt.

Dürfen Halbtagskräfte von Versorgungszusagen ausgeschlossen werden? Nein. Bei einer kollektiven Ruhegeldzusage ist die Einschränkung auf Vollarbeitskräfte unzulässig, weil sie gegen den Gleichheitsgrundsatz verstößt und zudem überwiegend Frauen diskriminiert. Ebenso unzulässig ist es, bei betrieblichen oder tarifvertraglichen Vereinbarungen einzelne Personen oder Gruppen willkürlich auszuschließen (z. B. ausländische Mitarbeiter). Dagegen können Leitungskräfte von kollektiven Versorgungszusagen ausgenommen werden.

Dürfen Versorgungszusagen geändert werden? Ja, aber es ist unzulässig, erworbene Ansprüche nachträglich nach unten zu korrigieren. Hingegen ist es möglich, Arbeitnehmern ab einem bestimmten Eintrittsdatum in die Firma eine höhere oder niedrigere Versorgungszusage zu erteilen. Bei Änderungen dieser Art sind jedoch die Mitbestimmungsrechte des Betriebsrates zu wahren.

Kann man sich bei Betriebswechsel die Versorgungsansprüche auszahlen lassen? Das Gesetz zur Verbesserung der betrieblichen Altersversorgung bestimmt in § 3, daß eine unverfallbare Versorgungsanwartschaft mit Zustimmung des Arbeitnehmers nur abgefunden werden kann, wenn die Anwartschaft auf einer Versorgungszusage beruht, die weniger als zehn Jahre vor dem Ausscheiden aus dem Unternehmen erteilt wurde. Der Gesetzgeber wollte mit dieser Regelung die Auszahlung relativ geringfügiger Versorgungsansprüche ermöglichen und zugleich die Versorgung mit erheblichen Bezügen für den Rentenfall sicherstellen.

Gegen den Willen des Arbeitnehmers kann der Arbeitgeber eine Abfindung nicht durchsetzen. Die Höhe der Abfindung ist nicht verhandlungsfähig und berechnet sich ausschließlich nach Anwartschaften, die aus dem Arbeitsverhältnis entstanden sind. Eine Ausnahmeregelung gestattet es, an ausländische Arbeitnehmer auf Antrag auch mehr als zehnjährige Versorgungsanwartschaften auszuzahlen, wenn sie in ihr Heimatland zurückkehren. Damit soll die Rückkehrbereitschaft gefördert werden.

Kann man Versorgungsansprüche zum nächsten Arbeitgeber mitnehmen? Ja, wenn der alte Arbeitgeber und der ausscheidende Arbeitnehmer dies wollen und der neue Arbeitgeber zur Übernahme bereit und berechtigt ist. In der Praxis ist das jedoch nur möglich, wenn der Arbeitnehmer z. B. innerhalb eines Konzerns von einem Subunternehmen in ein anderes wechselt oder wenn eine Lebensversicherung bzw. Pensionskasse die Versorgungsverpflichtung (durch Einzahlung der Anspruchsanteile) übernimmt oder wenn ein öffentlich-rechtlicher Versorgungsträger die Versorgungsschuld übernimmt. Bei einem Arbeitsplatzwechsel ist es sinnvoll, diese Frage mit der Personalabteilung und/oder dem Betriebsrat zu besprechen.

Sind die Leistungen des Arbeitgebers zur Betriebsrente steuerfrei? Die Versorgungszusage ist steuerfrei, denn der Arbeitnehmer erwirbt zunächst lediglich einen Anspruch auf in Zukunft fällig werdende Versorgungsleistungen. Werden dann im Versorgungsfall Renten gezahlt, so sind sie als Einkünfte aus nicht selbständiger Arbeit steuerpflichtig. Wird eine Abfindung gezahlt, so ist sie ebenfalls steuerpflichtig. Bei Abfindung für mehrjährige Anwartschaften kann die Steuer jedoch auf drei Jahre verteilt werden.

Eine Steuererklärung ist in jedem Fall erforderlich. Dabei kann durchaus eine »Steuerpflicht« von null Mark herauskommen, denn 40 Prozent von Versorgungsleistungen, höchstens jedoch 4800 Mark pro Kalenderjahr, bleiben steuerfrei, wenn der Versorgungsberechtigte das 62. Lebensjahr oder, falls er Schwerbehinderter ist, das 60. Lebensjahr vollendet hat. Frauen, die bereits ab 60. Lebensjahr Versorgungsbezüge erhalten, steht der Versorgungsfreibetrag ebenfalls erst ab 62. Lebensjahr zu.

Gelten auch Lebensversicherungen als betriebliche Altersvorsorge? Ja, wenn sie vom Arbeitgeber zugunsten einzelner oder mehrerer Arbeitnehmer oder der ganzen Belegschaft abgeschlossen werden. Am häufigsten werden vom Arbeitgeber die sogenannten Direktversicherungen abgeschlossen. Sie begünstigen den Arbeitnehmer von Anfang an. Der Arbeitgeber zahlt die Prämien zugunsten seiner Mitarbeiter direkt an die Versicherung.

Achtung! Unter bestimmten Bedingungen kann der Arbeitgeber den Versicherungsvertrag ändern lassen und den Begünstigten ausschließen. Das kommt in der Praxis allerdings nur selten vor und ist überhaupt nur bei relativ kurz laufenden Direktversicherungen möglich. Dennoch sollten Arbeitnehmer, auf deren Namen eine Direktversicherung abgeschlossen wird, mit einem Versicherungsvertreter erörtern, welche Rechte und Pflichten sich aus einem solchen Vertrag für Gegenwart und Zukunft ergeben.

Hat die Direktversicherung Vorteile gegenüber anderen privaten Lebensversicherungen? Ja. Vor allem ist das der Fall, wenn der Arbeitgeber (wie überwiegend üblich) die Prämien zur Direktversicherung ganz oder teilweise aus seiner Tasche bezahlt. Für diesen Modus sind auch kleinere Arbeitgeber, z. B. Handwerker oder Gewerbetreibende, zu gewinnen, weil sie selbst einige Vorteile dabei haben, die hier nicht zu erörtern sind. Allerdings gilt der zusätzlich zum Arbeitslohn gezahlte Anteil an der Direktversicherung als »geldwerter Vorteil«, als zweckgebundene Lohnerhöhung, und ist somit steuerpflichtig. Er braucht jedoch bis zur Höhe von 3000 Mark jährlich nur mit 15 Prozent pauschal versteuert zu werden, wenn der Arbeitgeber die Pauschale vom Lohn einbehält und an das Finanzamt abführt.

Weiterhin können größere Arbeitgeber bzw. Berufsverbände mit Versicherungsgesellschaften ihrer Wahl Gruppenverträge abschließen und dadurch günstige Konditionen aushandeln, die den Begünstigten zugute kommen. Günstig ist auch, daß man bei einem Wechsel des Arbeitsplatzes mit dem nachfolgenden Unternehmen die nahtlose Fortführung des Vertrags vereinbaren kann, allerdings ist der neue Arbeitgeber dazu nicht verpflichtet. Wichtig: Die Vorteile der Direktversicherung gelten nur, wenn der Vertrag auf ein Endalter von mindestens 60. Lebensjahr abgeschlossen ist.

Kann man die Eigenanteile einer Direktversicherung von der Steuer absetzen? Ob das im Einzelfall möglich ist, muß geprüft werden. Vorsorgeaufwendungen kann man in der Steuererklärung unter begrenzt abzugsfähigen Sonderausgaben eintragen. Sie führen aber nur dann zu einer Steuerermäßigung, wenn die dafür vorgesehenen Beträge nicht bereits durch andere Vorsorgeaufwendungen ausgeschöpft sind. Das ist oft der Fall, weil ja unter dieser Rubrik die Arbeitnehmeranteile der Pflichtbeiträge zur gesetzlichen Rentenversicherung, zur Krankenkasse, freiwillige Beiträge zu anderen Lebensversicherungen, Bausparkassen usw. zusammengefaßt werden.

Vorsorgeaufwendungen können bis zu 4680 Mark (Verheiratete) bzw. 2340 Mark (Ledige) voll und noch mal der gleiche Betrag mit 50 Prozent, also insgesamt 9360 Mark (Verheiratete) bzw. 4680 Mark (Ledige), steuermindernd sein. Da diese Rechnerei für Laien ziemlich kompliziert ist, sollten Arbeitnehmer ihre Eigenanteile auf Direktversicherungen in jedem Fall in der Steuererklärung angeben. Das Finanzamt mag dann prüfen, ob die Freigrenzen ausgeschöpft sind oder nicht. Die Direktversicherung ist jedoch allemal so vorteilhaft, daß sie auch dann abgeschlossen werden sollte, wenn eine Steuerermäßigung für geleistete Eigenanteile an den Versicherungsprämien nicht gewährt wird.

Kann man für die Direktversicherung eine Versicherungsgesellschaft aussuchen? Das ist immer dann möglich, wenn der Arbeitgeber keinen Gruppenversicherungsvertrag abgeschlossen hat und nicht darauf besteht, daß Direktversicherungen in seinem Unternehmen nur über diese Gruppenversicherung laufen. Bei jeder Lebensversicherungsgesellschaft kann man sich einen Antrag auf Direktversicherung und die entsprechenden Informationen holen. Den Antrag muß man dann dem Arbeitgeber aushändigen. Erst mit seiner Unterschrift ist der Vertrag zustande gekommen.

Was macht man bei Arbeitsplatzwechsel mit einer Direktversicherung? Im Prinzip gelten für Direktversicherung wie Betriebsrente dieselben Voraussetzungen für die Unverfallbarkeit (siehe Seite 126). Bei einem Arbeitsplatzwechsel stellt der bisherige Arbeitgeber die Zahlungen ein und läßt die Versicherung auf den Begünstigten übertragen. Der wird damit Versicherungsnehmer und kann nun gegen laufende Beitragszahlung den Vertrag als Einzelversicherung fortführen. Er kann mit der Versicherungsgesellschaft auch vereinbaren, den Vertrag beitragsfrei zu stellen, also keine Einzahlungen mehr zu leisten. Dann verzinsen sich die bis dahin geleisteten Einzahlungen immer weiter, bis der Versicherungsfall erreicht ist. Die Auszahlungssumme ist dann natürlich entsprechend niedrig.

Welche anderen Möglichkeiten, vor allem der Mitnahme zu einem anderen Arbeitgeber, es im Einzelfall gibt, muß man mit einem Vertreter der zuständigen Versicherungsgesellschaft besprechen. Überhaupt ist es bei einem Arbeitsplatzwechsel zweckmäßig, ein solches Gespräch zu führen, um sich optimal auf die Konditionen einzustellen, die der neue Arbeitgeber zur betrieblichen Altersversorgung bietet.

Wer ist im Versicherungsfall der Ansprechpartner? Der versicherte Betriebsangehörige ist unmittelbar bezugsberechtigt. Er erhält eine Kopie des Versicherungsvertrags. Sollte das im Einzelfall nicht geschehen, muß der Arbeitnehmer das Dokument vom Arbeitgeber oder ggf. von der Versicherung anfordern. Das Dokument über die Direktversicherung enthält den Namen des Bezugsberechtigten. Im Versicherungsfall ist rechtlich gesehen die Versicherungsgesellschaft der Ansprechpartner, selbst wenn die Firma im Einzelfall aus freien Stücken die zur Auszahlung der Versicherungssumme erforderlichen Schritte für ihren Mitarbeiter unternimmt.

Wieviel Geld bekommt man aus einer Direktversicherung? Das hängt von Eintrittsalter, Laufzeit, Höhe der Einzahlungen und Geschäftstüchtigkeit der Versicherungsgesellschaft ab. Die Versicherungsgesellschaft ist gesetzlich verpflichtet, auf die geleisteten Einzahlungen 3,5 Prozent Zinsen zu zahlen. Darüber hinaus erhalten Versicherte stets noch Anteile an den Gewinnen, die das Versicherungsunternehmen erwirtschaftet. Die können sowohl von Unternehmen zu Unternehmen als auch von Jahr zu Jahr unterschiedlich sein.

Rechenbeispiel der Allianz-Lebensversicherung: 1986 wurde für eine zu dem Zeitpunkt 39jährige Mitarbeiterin von ihrem Arbeitgeber eine Direktversicherung mit einer Laufzeit von 21 Jahren, also bis zu deren 60. Lebensjahr, abgeschlossen. Der Arbeitgeber verpflichtete sich zur Zahlung von jährlich 2400 DM. Die garantierte Versicherungssumme beträgt für den Erlebensfall 55827 DM. Für den Todesfall wird der gleiche Be-

trag an die Hinterbliebenen geleistet, auch wenn der Vertrag erst Wochen, Monate oder wenige Jahre besteht. Nach den Gewinnerwartungen der Versicherungsgesellschaft kann der tatsächliche Auszahlungsbetrag im Erlebensfall bei Erreichung des 60. Lebensjahres etwa 80000 DM betragen. Dieser Betrag ist steuerfrei.
Legt nun die Empfängerin der 80000 DM ihr Geld bei einer Bank an, so darf man eine durchschnittliche Verzinsung von 6 Prozent = 4800 DM pro Jahr erwarten. Das ergäbe eine durchschnittliche zusätzliche Altersversorgung von monatlich 400 DM, ohne daß sich das Kapital verringert. Die aus Zinsen erzielten Einkommen sind allerdings steuerpflichtig.

Kann man eine Direktversicherung beleihen? Nein. Das Bezugsrecht einer Direktversicherung ist nicht beleihbar, weil die Versicherung der zusätzlichen Alterssicherung dienen soll.

Was ist eine Unterstützungskasse? Eine rechtsfähige Einrichtung eines oder mehrerer Unternehmen in Form einer GmbH, eines eingetragenen Vereins oder einer Stiftung. Sie wird von den Gründern mit Beiträgen versehen, die der einmaligen oder laufenden Unterstützung von Mitarbeitern, ehemaligen Mitarbeitern und Hinterbliebenen in Notlagen, bei Bedürftigkeit und aus besonderen Anlässen dienen sollen. Der Arbeitgeber kann sich durch freiwillige Betriebsvereinbarung zu solcher Einrichtung verpflichten, ein Anspruch darauf besteht jedoch nicht. Die Betriebsvereinbarung kann auch auf Zahlung zusätzlicher Ruhegelder aus der Unterstützungskasse ausgedehnt werden. Die Einrichtung der Unterstützungskasse gilt heute allgemein als antiquiert; viele Konzern- und Gruppenkassen werden jedoch als bewährte Einrichtungen fortbestehen.

Soweit hierdurch als Ruhegeldkasse Zusagen zur Altersversorgung gemacht werden, sind die Einrichter ebenfalls an das Gesetz zur Verbesserung der betrieblichen Altersversorgung gebunden. Damit bieten diese Kassen den Versorgungsberechtigten die gleichen Sicherheiten wie die Zusage einer Betriebsrente. Als Voraussetzung für Bezüge aus einer Unterstützungskasse gilt ganz überwiegend eine zehnjährige Betriebszugehörigkeit.

Was ist eine Pensionskasse? Eine rechtsfähige Versorgungseinrichtung, die den Arbeitnehmern und deren Hinterbliebenen einen Rechtsanspruch auf Ruhegeldleistungen zubilligt. Der Rechtsform nach handelt es sich hier um Lebensversicherungsunternehmen, um Versicherungsvereine auf Gegenseitigkeit, die unter der Aufsicht des Bundesaufsichtsamtes für das Versicherungswesen stehen. Im öffentlichen Dienst gibt es sie auch als Anstalten öffentlichen Rechts. Die begünstigten Arbeitnehmer sind Mitglieder des Versicherungsvereins und können, anders als bei Unterstützungskassen, zu eigenen Beitragsleistungen herangezogen werden.
Im allgemeinen übernimmt der Arbeitgeber zwei Drittel, der Arbeitnehmer ein Drittel der Beiträge. In Abhängigkeit von den vereinbarten Versorgungszusagen kann die Pensionskasse auch allein aus den Beiträgen der Unternehmer finanziert werden. Das Ruhegeld richtet sich nach der jeweiligen Satzung, spätere Satzungsänderungen werden gerichtlich überprüft. Die Versorgungsberechtigten haben einen echten Rechtsanspruch gegen die Pensionskasse.

B *Vorsorge durch private Lebensversicherung*

Ist der Abschluß einer privaten Lebensversicherung überhaupt sinnvoll? In den meisten Fällen ja. Neben der gesetzlichen Rentenversicherung, die ja nur die Grundversorgung sicherstellt und eine Versorgungslücke offenläßt, die künftig noch breiter werden wird, braucht der Mensch für eine verläßliche Vorsorge ein »zweites Bein« (und möglichst noch ein drittes). Das zweite Bein kann die betriebliche Altersvorsorge mit einer der Varianten Betriebsrente, Direktversicherung, Pensionskasse sein.

Aber nur etwa die Hälfte aller Arbeitnehmer (Alt-Bundesgebiet) kommt in den Genuß solcher Versorgungsvereinbarungen. In den fünf neuen Bundesländern gibt es bisher kaum Vereinbarungen dieser Art, und noch auf Jahre hinaus wird auf diesem Gebiet nicht mit nennenswerten Leistungen zu rechnen sein.

Wer die betriebliche Versorgungszusage hat, für den kann die private Lebensversicherung das dritte Bein werden. Der Vergleich sei erlaubt: So, wie ein Tisch mit drei Beinen nicht wakkeln kann, so ist die auf drei Säulen ruhende Vorsorge erstaunlich sicher. Wer keine betriebliche Versorgungszusage hat, für den ist die private Lebensversicherung als zweites Bein dringend nötig. Ob eine Lebensversicherung hingegen für Beamte sinnvoll ist, die bereits eine staatliche Versorgungszusage von 75 Prozent ihrer letzten Dienstbezüge haben, steht dahin. Für sie gibt es möglicherweise günstigere Anlagemöglichkeiten zur Kapitalbildung.

Welche Risiken soll die Lebensversicherung abdecken? In erster Linie soll eine sogenannte Kapital-Lebensversicherung die gesetzliche Grundrente aufbessern, also für das Alter vorsorgen; in zweiter Linie ist an vorzeitige Erwerbsunfähigkeit, in dritter Linie an Familiensicherung bei vorzeitigem Tod des Versicherten zu denken. Man kann eine Kapital-Lebensversicherung abschließen, die diese drei Risiken durch Zuschläge optimal berücksichtigt. In vielen Fällen ist es aber billiger bzw. vom Endergebnis der Kapital-Lebensversicherung her lohnender, diese Versicherung ohne weitere Einschlüsse (wie Invalidität und doppelte Auszahlung bei Unfalltod) abzuschließen. Die Kapital-Lebensversicherung wird beim vorzeitigen Tod sowieso an die Hinterbliebenen ausbezahlt. Folglich ist die reine Sterbefall-Versicherung, schamhaft Risiko-Versicherung genannt, meist überflüssig.

Ist die reine Sterbefall-Versicherung denn nicht billiger als die Kapital-Lebensversicherung? Ja, natürlich. Aber die Risiko-

Lebensversicherung erfüllt als reine Sterbefall-Versicherung nicht den gleichen Versorgungszweck. Zwar sichert sie für den Todesfall eines noch jungen Versicherten dessen Familie für relativ wenig Geld ab. »Pech« hat allerdings der Versicherte samt Familie, wenn er nicht vorzeitig stirbt: erlebt er das Ende der Vertragslaufzeit, ist das eingezahlte Geld futsch.

Anders bei der Kapital-Lebensversicherung: Die monatlichen Einzahlungen sind viel höher als bei der reinen Todesfall-Versicherung. Denn die Kapital-Lebensversicherung ist ja praktisch eine Kopplung von Todesfall-Versicherung und Sparvertrag. Die Auszahlungssumme bei frühem Tod des Versicherten ist zwar niedriger als die Auszahlung zum vereinbarten Endalter (z. B. 60 Jahre), wird aber mindestens in Höhe der garantierten Versicherungssumme geleistet.

In welchem Alter soll man eine Kapital-Lebensversicherung abschließen? Eine Versicherung ist um so günstiger, je jünger man mit den Einzahlungen beginnt und je länger sie läuft. Der Grund ist sehr einfach: Tritt ein 25jähriger in die Versicherung ein, so ist es weit weniger wahrscheinlich, daß er in den ersten Jahren der Versicherungslaufzeit stirbt, als bei einem 40jährigen. Eine lange Laufzeit wirkt sich außerdem günstig auf die Zinsen und Gewinnanteile aus. Aus gleichem Grund ist der Abschluß einer Kapital-Lebensversicherung in höherem Lebensalter und mit relativ kurzer Laufzeit nicht mehr günstig.

Was bedeutet »garantierte Versicherungssumme«? Das ist derjenige Betrag, der im wesentlichen den Einzahlungen entspricht, die in der vereinbarten Laufzeit geleistet wurden. Weder die gesetzlich vorgeschriebenen Zinsen noch die Gewinnanteile sind darin enthalten. Die tatsächliche Auszahlungssumme am Ende einer langen Laufzeit liegt weit höher: nach 25 Jahren beträgt sie etwa das Doppelte der garantierten Versicherungssumme, nach 30jähriger Laufzeit kann die Auszahlung noch mal 30 bis 50 Prozent höher liegen – je nach Geschäftsergebnis des jeweiligen Versicherungsunternehmens.

Wie hoch soll man sich denn nun versichern? Allgemein geht man davon aus, daß der Rentner eine gesetzliche Rente in Höhe von höchstens 60 Prozent (eher weniger) seiner letzten Nettobezüge erreicht. Zur annähernden Aufrechterhaltung seines Lebensstandards braucht er nach Auffassung von Fachleuten jedoch mindestens 75 Prozent, eher mehr. Entsprechend klafft eine Versorgungslücke von ca. 15 bis 20 Prozent. Nehmen wir ein *Beispiel*:
Ein Verdiener von 2500 DM Monats-Nettoeinkommen bekommt 60 Prozent = 1500 DM gesetzliche Rente. Seine Versorgungslücke beträgt 15 Prozent = 375 DM monatlich. Dieses Loch könnte er aus 6 Prozent Zinsen (langjähriger Durchschnitt) von 75000 DM stopfen, wenn er sie auf der Bank hätte, denn 6 Prozent von 75000 = 4500 geteilt durch 12 ergibt genau 375 DM im Monat, ohne das kleine Vermögen anzugreifen.

Zu einer Lebensversicherungs-Auszahlung in Höhe von ungefähr 75000 Mark (ganz genau läßt sich das nicht voraussagen) mit Endalter 60 Jahre käme man, wenn man zum Beispiel Anfang 30 eine Lebensversicherung abschließt und in der Lage ist, etwa 100 Mark monatlich einzuzahlen.

Bieten alle Lebensversicherungen das gleiche? Nein, die Unterschiede können sich im Endergebnis auf zehn bis 20 Prozent belaufen. Auch die Tarife (Einzahlungen) sind nicht die gleichen. Die Leistungsfähigkeit der Versicherungen ergibt sich aus den erzielten Geschäftsgewinnen. Auf 20 oder 30 Jahre lassen die sich also nicht voraussagen. Einen gewissen Anhalt geben die Ergebnisse der zurückliegenden 20 bis 30 Jahre. Es spricht vieles dafür, daß ein in der Vergangenheit erfolgreiches Unternehmen auch in Zukunft erfolgreich sein wird. Aber garantieren kann das keiner.

Wie informiert man sich über die Qualität von Versicherungen? Indem man mehrere vergleicht. Schließlich geht man ja eine Sparverpflichtung für Jahrzehnte ein. Man bestellt also Vertreter von mindestens drei verschiedenen Versicherungen zu sich oder sucht deren Büros auf. Jedem stellt man dieselbe Aufgabe, sonst kann man nicht vergleichen. Man läßt sich je ein Angebot machen über die Höhe der monatlichen Beiträge für eine prognostisch zu erwartende Auszahlungssumme von 75000 und 100000 Mark und vielleicht auch noch einen höheren Betrag. Die Versicherer sind zu solchen Prognosen berechtigt, obwohl sie sie nicht garantieren können.

Bevor man Preis und Leistung nicht verglichen hat, sollte man keinen Vertrag über eine Kapital-Lebensversicherung unterschreiben. Hat man drei solche Angebote beisammen, ist es sehr empfehlenswert, noch den Vertreter eines Versicherungsmaklers zu einem Gespräch zu bitten. Versicherungsmakler, auch Mehrfachagenturen genannt, vertreten nicht nur eine Versicherung, sondern stets mehrere. Sie sind in der Lage, die jeweils günstigste Versicherung für ihre Kunden auszuwählen. Nach einem solchen Gespräch kann man mit dem Versicherungsmakler oder mit dem günstigsten Anbieter den Vertrag schließen. Eine bessere Informationsmöglichkeit gibt es nicht.

Wer sich solche eigenen Prüfungen nicht zutraut, kann bei den Verbraucherzentralen Listen einsehen, in denen Versicherungen miteinander verglichen werden. Auf die eigene Person zugeschnittene Vergleiche, die Alter, Laufzeit und Höhe der Versicherung berücksichtigen, sind jedoch dort nicht zu finden.

Kann man die Lebensversicherung erhöhen? Ja, natürlich. Wenn zum Beispiel ein junger Versicherter, der noch relativ wenig verdient, eine niedrige Versicherung abschließt, kann er ein paar Jahre später die Versicherungssumme erhöhen oder einen zweiten, eigenständigen Vertrag abschließen. Es gibt auch sogenannte »dynamische« Versicherungen, die sich von Jahr zu Jahr erhöhen. Dabei zahlt man jährlich um ca. 5 Prozent höhere Beiträge, und die Versicherungssumme erhöht sich entsprechend. Die Versicherungsgesellschaften empfehlen solche dynamischen Versicherungen sehr gern. Sie sind aber mit Mängeln behaftet: Für die Jahre mit niedrigen Beiträgen fallen entsprechend niedrige Zinsen und Gewinnanteile an. Für die letzten Jahre mit hohen Beiträgen fallen wegen der kürzeren Restlaufzeiten ebenfalls relativ niedrige Renditen an. Viele Kritiker raten deshalb von dieser Versicherungsart ab, zumal jede Beitragserhöhung wie ein neuer Vertrag behandelt wird, mit dem dann geltenden höheren und damit ungünstigeren Eintrittsalter und einer anteilig wieder fällig werdenden Vertreterprovision.

Mit einem Trick kann man aber dennoch eine dynamische Lebensversicherung vorteilhaft nutzen: Man nimmt nur so lange an der jährlichen dynamischen Erhöhung teil, bis man eine selbst gewünschte Beitragshöhe erreicht hat. Dann kündigt man die Dynamisierung auf und bleibt bei der erreichten Beitragshöhe.

Kann man eine Lebensversicherung auch kündigen? Ja, aber das ist die schlechteste Lösung. Man bekommt in den ersten Laufzeitjahren weniger Geld zurück, als man eingezahlt hat. Denn die ersten Einzahlungsjahre dienen der Deckung des vorzeitigen Todesfall-Risikos und der beträchtlichen Verwaltungskosten. Erst nach etwa zehn Jahren kommt die Phase der Geldansammlung, erst nach 15 Jahren machen sich die Einzahlungen durch Zinsen und Gewinnausschüttungen bezahlt. Läßt man sich eine Kapital-Lebensversicherung vor Ablauf von zwölf Jahren auszahlen, wird der Auszahlungsbetrag außerdem steuerpflichtig und muß von der Versicherung automatisch an das Finanzamt gemeldet werden.

Wenn man eine Versicherung nicht weiter einzahlen will oder kann, gibt es günstigere Möglichkeiten als die Kündigung, die mit drei Monaten zum Ablauf jedes Vertragsjahres möglich ist (Einschreiben mit Rückschein). Man kann die Einzahlungen einstellen oder eine »Erhaltungsgebühr« von wenigen Mark bezahlen. Das bis dahin erreichte Guthaben wird in diesem Fall weiter verzinst, mit Gewinnanteilen ausgestattet und am Ende der vereinbarten Laufzeit ausgezahlt. Man kann die Versicherungssumme oder die Laufzeit durch Vereinbarung auch herabsetzen und sich damit teilweise entlasten. Es ist zudem möglich, Zahlungen auf eine gewisse Zeit auszusetzen, wenn man z. B. in Geldschwierigkeiten (arbeitslos, krank usw.) ist. In jedem Fall muß man aber rechtzeitig »seinen« Versicherungsvertreter aufsuchen oder zu sich bestellen, dessen Vorschläge anhören, eine Vereinbarung treffen und sich diese auch schriftlich bestätigen lassen. Vorsicht! Eigenmächtigkeiten können zu finanziellen Verlusten führen.

Kann man weitere Risiken mit der Lebensversicherung koppeln? Ja. Die Auszahlung der »gewöhnlichen« Kapital-Lebensversicherung erfolgt bei Ablauf der vereinbarten Versicherungszeit oder beim vorzeitigen Tod des Versicherten an die »Begünstigten«. Das wird im Regelfall der Ehegatte sein, es sind aber auch andere Bestimmungen durch den Versicherten möglich. Durch Zusätze können mit der Lebensversicherung außerdem vorzeitige Invalidität und ein Unfalltod mitversichert werden. Der Unfallzusatz verdoppelt bei vorzeitigem Unfalltod die Auszahlung an die Angehörigen.

Beide mitversicherbare Risiken kosten natürlich Geld – und nun hat man wieder die Wahl: Entweder man zahlt entsprechend mehr, oder man (bzw. die Hinterbliebenen) nimmt eine wesentlich niedrigere Auszahlung am Ende der Laufzeit in Kauf, wenn man weder vorher seine Erwerbsfähigkeit ganz oder teilweise eingebüßt hat noch durch Unfall ums Leben gekommen ist. Man verliert also, wenn man die Risiken des Lebens heil übersteht, mit den Zusätzen Invalidität und Unfalltod eine Menge Geld. Deshalb sollte gut abgewogen werden, ob diese Risiken wirklich abgesichert werden sollen.

Ist das der Fall, sollte man unbedingt (!) prüfen, ob es billiger wird, eine Extraversicherung für Invalidität und Unfalltod für eine begrenzte Laufzeit abzuschließen – zum Beispiel für die Zeit, in der Kinder noch in der Ausbildung stecken und/oder die bis dahin erworbenen Rentenansprüche aus der gesetzlichen Rentenversicherung noch sehr niedrig sind. Vor Abschluß einer Kapital-Lebensversicherung mit dem Ziel, sie später als Zusatzrente einzusetzen, sollte man den Versicherungsvertretern unbedingt die Aufgabe stellen, Angebote für solche Extraversicherungen zu unterbreiten.

Wozu kann man die Lebensversicherung sonst noch einsetzen? Wenn man einen größeren Bankkredit aufnimmt, muß der Kreditnehmer meist eine Sicherheitsbürgschaft erbringen. Kann er weder Haus- noch Grundbesitz, Aktien- oder Sparvermögen als Sicherheit bieten, wird die Darlehensgewährung überwiegend an den Abschluß einer zusätzlichen Risiko-Lebensversicherung für die Laufzeit des Darlehens gebunden. Die kostet natürlich zusätzliches Geld und verteuert den Kredit. In vielen Fällen ist es möglich, die Kapital-Lebensversicherung als Sicherheit für das Bankdarlehen (durch Abtretung auf Zeit) anzubieten.

Wer bauen will, kann statt eines Hypothekendarlehens auch seine Kapital-Lebensversicherung beleihen. Die Darlehensschuld wird aus der Ablaufleistung bei Vertragsende getilgt, man zahlt also nur seine normalen Beiträge weiter und zusätzliche Zinsen, aber keine Tilgungsraten. Am Ende »billiger«, wie oft behauptet, ist diese Möglichkeit nicht. Allerdings hat man viele Jahre lang relativ niedrige Belastungen. Ob man sein Darlehen nun vorteilhafter von der Bank oder von der Lebensversicherung holen will, kann man nur durch Vergleichsangebote ermitteln.

Warum muß man ein Gesundheitsattest erbringen? Die Lebensversicherungen schützen sich und ihre Versicherten, indem sie Personen mit schweren Erkrankungen nicht aufnehmen oder mit Risikozuschlägen belasten. Bei hohen Versicherungssummen und höherem Lebensalter wird grundsätzlich eine ärztliche Gesundheitsprüfung verlangt. In allen Fällen muß der Antragsteller auf einem Fragebogen Gesundheitsfragen korrekt beantworten. Stellt sich in den ersten drei Jahren heraus, daß nicht die Wahrheit gesagt wurde, kann der Versicherer vom Vertrag zurücktreten. Er braucht auch nicht zu zahlen, wenn in diesem Zeitraum die verschwiegene Vorerkrankung zum Tod führt. Sehr häufig wird erhöhter Blutdruck nicht angegeben. Im Schadensfall recherchiert aber die Versicherung – dazu hat man sie bei Vertragsabschluß ermächtigt – und kommt falschen Angaben meist sehr schnell auf die Spur. Das gleiche gilt für Krebskranke, die ihre Angehörigen absichern wollen. Dagegen ist es nicht erforderlich, während der Versicherungszeit auftretende Erkrankungen zu melden. Sie sind Teil der Risiken, die die Lebensversicherung und die Gemeinschaft ihrer Versicherten zu tragen haben.

Spart man durch die Lebensversicherung Steuern? Die Beiträge zur Kapital-Lebensversicherung können steuerlich als »Vorsorgeaufwendungen« geltend gemacht werden, wenn die dafür vorgesehenen Höchstbeträge noch nicht ausgeschöpft sind. Die Rechnerei ist ziemlich umständlich. Es empfehlen sich daher folgende Wege: 1. Alle Beiträge für sämtliche gesetzlichen und privaten Renten-, Lebens-, Kranken-, Haftpflicht- und sonstigen Zusatzversicherungen eintragen und dem Finanzamt die Ausrechnung überlassen (Merke: Kein Finanzbeamter bekommt Prämien für ungerechtfertigte Abzüge!). 2. Wenigstens einmalig einen Steuerberater in Anspruch nehmen, um sicherzustellen, daß alle Möglichkeiten zur Steuerersparnis ausgeschöpft werden. 3. Vor Abschluß einer höheren Kapital-Lebensversicherung den Versicherungsvertreter mit der Prüfung beauftragen (kostenlos!), ob und in welcher Höhe sich die Versicherungsbeiträge noch steuermindernd auswirken. Wer will, kann davon die Höhe der Beiträge abhängig machen.

Ist der Auszahlungsbetrag der Lebensversicherung steuerfrei? Ja, aber nur, wenn die Laufzeit der Versicherung mindestens volle zwölf Jahre bestanden hat. Läßt man sich eine längerlaufende Versicherung vor Ablauf von zwölf Jahren durch Kündigung auszahlen, wird die Auszahlung steuerpflichtig. Eine weniger als zwölf Jahre laufende Lebensversicherung sollte man sich darum keinesfalls aufschwatzen lassen.

Ist die Lebensversicherung als Zusatzrente überflüssig, wenn man schon eine zusätzliche betriebliche Altersversorgung hat? Das kommt auf die Höhe der betrieblichen Altersversorgung und auf die Ansprüche an, die man selbst an sein Rentenalter knüpft. Eine durchschnittliche Altersversorgung ist gewährleistet, wenn ca. 75 Prozent der letzten Nettobezüge als Gesamtrente sichergestellt sind. Wer also 55 bis 60 Prozent seines Einkommens als gesetzliche Rente erhält und zusätzlich 15 bis 20 Prozent betriebliche Altersversorgung, der muß nicht unbedingt eine Lebensversicherung abschließen. Für Arbeiter und Angestellte bleibt aber, anders als bei Beamten, die Frage offen, ob diese Erwartungen auch tatsächlich eintreffen werden oder ob man lieber die Lebensversicherung als zusätzliches »drittes Bein« der Rentenvorsorge anbauen will.

Kann man seine Lebensversicherung auch als Rente auszahlen lassen? Ja. Zwar sollte man beim Abschluß einer Lebensversicherung, die der Altersvorsorge dient, danach fragen, ob auch eine »Verrentelung« des Auszahlungsbetrages möglich ist, grundsätzlich ist das jedoch immer der Fall. Im allgemeinen genügt es, bis zu drei Monaten vor Vertragsende diesen Wunsch mitzuteilen, einen Vertreter zu bestellen und sich die Höhe der Rente ausrechnen zu lassen. Nachteil beim Rentenwahlrecht: Stirbt der Rentner, ist das Geld für die Erben verloren.

In Umkehrung der Kapital-Lebensversicherung mit Rentenwahlrecht bietet der Deutsche Ring wahlweise auch eine Rentenversicherung mit Kapitalwahlrecht an. Dabei wird statt der garantierten Versicherungssumme eine Monatsrente garantiert, die sich nach etwa 25jähriger Vertragslaufzeit mit Beitragszahlung ebenfalls verdoppelt. Diese Rente wird außerdem jährlich »angepaßt«, also ähnlich wie die gesetzlichen Renten dynamisiert. Dieses als besonders attraktiv bezeichnete Verfahren muß natürlich durch die Einzahlungszeit ebenfalls erkauft werden. Das wird deutlich, wenn die Kapitalabfindung statt der Rente gewählt wird: sie ist etwas niedriger als bei einer vergleichbaren Kapital-Lebensversicherung.

Die Entscheidung, eine Rente statt einer Kapitalabfindung zu wählen, kann natürlich auch einen Vorteil haben, nämlich wenn der Versicherte seine Rente ab 60. Lebensjahr bezieht und sehr alt wird. Erreicht er ein Alter von über 85 Jahren, so hat er ein glänzendes Geschäft gemacht, denn die Rente wird ja lebenslang bezahlt.

Ganz überwiegend wird es aber günstiger sein, eine Kapital-Lebensversicherung abzuschließen, am Ende der Laufzeit auszahlen zu lassen, das Vermögen bei einer Bank anzulegen und die Zinsen als Zusatzrente aufzufassen, ohne das Kapital aufzuzehren. Banken bieten als weitere Wahlmöglichkeit sogenannte Aufzehrungsverträge an. Darin kann man festlegen, Zinsen und Kapital in einem vereinbarten Zeitraum, z. B. 25 Jahre, in gleichbleibenden monatlichen Raten zu verbrauchen.

Warum machen die Versicherungskonzerne so hohe Gewinne? In der Tat erzielen die Versicherungsunternehmen hohe Gewinne, und zwar durch Anlage der Gelder, die die Versicherten einzahlen. Täten sie das nicht, wären die Gelder der Einzahler gefährdet; zumindest wäre die Vorsorge durch Lebensversicherungen eine schlechte Geldanlage. In Wirklichkeit ist aber die Lebensversicherung eine gute Geldanlage für die Versicherten: im zurückliegenden 30-Jahres-Zeitraum wurde eine durchschnittliche Verzinsung von über sechs Prozent zugunsten der Versicherten erzielt – und das, obwohl neben dem Spareffekt noch das Risiko des vorzeitigen Todes des Versicherten, also der vorzeitigen Auszahlung der Versicherungssumme an die Familie, eingeschlossen ist.

Gibt es eine bessere Altersvorsorge als die Kapital-Lebensversicherung? Die Stiftung Warentest hat 1990 die Lebensversicherungen untersucht und mit anderen Geldanlagen verglichen. Sie kommt dabei zu folgenden Ergebnissen: Für die Altersvorsorge ist »eine Kapital-Lebensversicherung sicher erste Wahl«. Weiter heißt es in der Beurteilung: »Oft wird geraten, statt einer Kapital-Lebensversicherung eine andere Anlageform zu wählen. Die Rendite (Ertrag) sei besser. Diese Aussage können wir nach unseren Berechnungen nicht unterstützen.«

Nach Berechnungen der Stiftung Warentest liegen die Versprechungen der Lebensversicherer bei fünf bis sieben Prozent, gelegentlich auch darüber. Das gelte allerdings nur, wenn eine lange Laufzeit auch tatsächlich eingehalten werde.

C *Andere Formen der Rentenvorsorge*

Kann man Wohneigentum als Rentenvorsorge betrachten? Ja, denn man schafft mit dem Erwerb eines Eigenheims oder einer Eigentumswohnung nicht nur Wohnkomfort, sondern vor allem auch einen beträchtlichen Vermögenswert. Im Rentenalter wohnt man dann »mietfrei«. Folglich hat die ersparte Miete einen Rentenwert, den man überdies nicht zu versteuern braucht. Allerdings sind einige Regeln zu beachten, wenn man Wohneigentum als Teil seiner Rentenvorsorge betrachtet:

- Wenn möglich, sollte man schon beim Kauf die Finanzierung so gestalten, daß das Wohneigentum bei Erreichung des Rentenalters abbezahlt, also schuldenfrei ist. Wenn das nicht gelingt, verschlingt die weitere Tilgung der Restschuld womöglich einen beträchtlichen Teil des Renteneinkommens.

- Beim Kauf eines Wohneigentums ist grundsätzlich der Zeitpunkt bekannt, zu dem die Hypothekenschulden getilgt sein werden. Liegt dieser Termin bereits im Rentenalter, so ist es sehr sinnvoll, entweder vorzeitige Tilgung anzustreben oder eine Kapital-Lebensversicherung mit dem Ziel abzuschließen, damit die Restschuld zu tilgen. Die Versicherung muß also auf den Zeitpunkt der Berentung abgeschlossen werden.

- Während der Erwerbstätigkeit sind Bausparverträge sehr hilfreich, um Hypothekenschulden vorfristig abzulösen und so eine Entschuldung des Wohneigentums bis zum Rentenalter zu erreichen. Da jedoch Bausparverträge nur sinnvoll sind, wenn man neben dem angesparten Betrag (40 bzw. 50 Prozent) auch das zinsgünstige Bauspardarlehen (50 bzw. 60 Prozent) in Anspruch nimmt, sollten Bausparverträge so zeitig eingesetzt werden, daß zum Berentungszeitpunkt die Darlehenssumme getilgt ist. Das bedeutet: Der Bausparvertrag muß elf Jahre vor der Berentung bereits »zuteilungsreif« sein und zur Ablösung der Restschuld eingesetzt werden, denn die Darlehens-Laufzeit bei Bausparverträgen beträgt ca. elf Jahre.

- Der Rentenwert eines Eigenheims kann sich eventuell durch den Einbau einer Einliegerwohnung erhöhen; die Mieteinnahmen sind eine weitere zusätzliche Rente.

- Auf ein ganz oder überwiegend schuldenfreies Wohneigentum kann man jederzeit, also auch im hohen Lebensalter, ein Darlehen aufnehmen, um sich zum Beispiel einen teuren Lebenswunsch zu erfüllen oder eine aufwendige Heilbehandlung durchzuführen. Dafür muß man dann zwar wieder Zins- und Tilgungsraten an die Bank zahlen – aber die kann man so langfristig vereinbaren, daß das Wohneigentum dadurch verschuldet eines Tages an die Erben übergeht. Ein solches Vorgehen ist keineswegs als ausgeklügelte Gemeinheit gegenüber den Erben anzusehen, wenn man bedenkt, daß der Wert des Wohneigentums den Schuldstand des Darlehens um ein Mehrfaches übersteigt.

- Sehr oft erweisen sich Eigenheime im Alter als zu groß, zu arbeitsaufwendig und zu teuer in den Betriebs- und Erhaltungskosten. In solchen Fällen sollte rechtzeitig an einen Verkauf gedacht werden. Eventuell erwirbt man für den erzielten Preis ein kleineres Eigentum oder einen Platz in einem komfortablen Altenheim. Oder man legt das Geld auf der Bank an und bezahlt mit den Zinsen die Miete für eine Mietwohnung, ohne das Kapital angreifen zu müssen (je 100000 Mark erzielt man bei durchschnittlich sechs Prozent Zinsen monatlich 500 Mark).

• Wohneigentum kann auch gegen eine lebenslange Leibrente veräußert werden, die sowohl die Kosten für eine Mietwohnung deckt als auch noch zusätzlich das verfügbare Renteneinkommen erhöht. Die Höhe der Leibrente richtet sich natürlich nach dem Lebensalter der Veräußerer. Geben z. B. etwa 70 Jahre alte Eheleute ihr Wohneigentum gegen Leibrente her, so lassen sich je 100000 Mark Eigentumswert monatlich etwa 1000 Mark erzielen. Eine weitere Gestaltungsmöglichkeit: Die Hälfte des Eigentumswerts wird ausgezahlt, die andere als Leibrente geleistet.

• Als wenig sinnvoll erweist sich nach allen Erfahrungen die Vermietung von Wohneigentum. Insbesondere ältere Leute sind dabei oft überfordert, weil sie ja als Vermieter eine Anzahl von Pflichten wahrzunehmen haben. Sie fühlen sich außerdem, ob zu Recht oder nicht, häufig durch die Mieter übervorteilt.

• Betrachtet man Wohneigentum als Teil der Rentenvorsorge, so muß allerdings auch folgendes beachtet werden: Ein zum Zeitpunkt der Berentung bereits 20 oder 30 Jahre altes Eigenheim oder eine entsprechende Eigentumswohnung erfordert erheblichen Erhaltungs- und Renovierungsaufwand, zusätzlich zu den Betriebskosten (die insbesondere bei Eigentumswohnungen beträchtlich sein können). Man wohnt also keinesfalls kostenfrei und muß einen Teil seiner Renteneinkünfte für Betrieb und Erhalt des Wohneigentums einsetzen. Sehr ratsam ist es daher, schon beim Erwerb nicht nur den Kaufpreis zu beachten, sondern auch die laufenden und später entstehenden Instandhaltungskosten richtig einzuschätzen.

• Für den Fall eines Verkaufs im Rentenalter sollte schließlich bedacht werden, daß ein 20 bis 30 Jahre altes Wohneigentum nicht mehr denselben Preis erbringt, den ein zum Verkaufszeitpunkt neu gebautes vergleichbares Objekt kostet. In dieser Hinsicht werden viele »Milchmädchenrechnungen« gemacht. Realistische Einschätzungen sind nötig, wenn man Wohneigentum in die Altersvorsorge einbringen will.

Eignet sich Banksparen als Rentenvorsorge? Ja. Während die Kapital-Lebensversicherung eine vorteilhafte Vorsorge in jüngeren Lebensjahren ist, eignen sich Banksparverträge besonders für »ältere« Berufstätige, die wegen zu hohen Eintrittsalters und zu kurzer Laufzeit von einer Lebensversicherung nicht mehr optimal profitieren. Als »älter« in diesem Sinne muß man sich ab einem Lebensalter von 45 Jahren betrachten.

Bei der Bank oder Sparkasse werden längerfristige Sparverträge mit etwa sechs Prozent verzinst. Günstig sind Sparverträge mit Laufzeiten von vier bis sieben Jahren. Die dann jeweils erreichten Sparbeträge lassen sich zinsgünstiger, zur Zeit mit ca. neun Prozent, in festverzinslichen Wertpapieren, Bundesschatz- oder Banksparbriefen anlegen. Da die Bankunternehmen unterschiedliche Gestaltungsmöglichkeiten anbieten (die aber alle auf etwa das gleiche hinauslaufen), muß man mit dem Anlageberater seiner Bank besprechen, welche Wege für eine zusätzliche Rentenvorsorge am günstigsten sind. Wissen müssen Sie dazu allerdings auch, daß die bei der Bank erzielten Zinsen eines Jahres steuerpflichtig sind und bei der Steuererklärung angegeben werden müssen.

Kann man die Steuerpflicht umgehen? Die illegale Umgehung der Steuerpflicht kann schwerwiegende Folgen haben. Zwar gibt die Bank an das Finanzamt keine Meldungen ab; aber wenn Sie zum Beispiel ein erhebliches Sparguthaben zur Ablösung einer Restschuld verwenden, die auf Wohneigentum liegt, so kommt das Finanzamt grundsätzlich dahinter, fordert die Steuern nach und verhängt zusätzlich Steuerstrafen. Stirbt der Inhaber eines Bankvermögens, ist die Bank wegen der Erbschaftsteuer zur Meldung an das Finanzamt verpflichtet, und die Erben haften für die Sünden des Erblassers.

Legale Steuervorteile bieten einige Anlageformen, zum Beispiel sogenannte »abgezinste« Anlagen. Bei denen werden die Zinsen nicht jährlich, sondern erst zum Zeitpunkt der Auszahlung gutgeschrieben und brauchen auch erst dann versteuert zu werden. Wenn es gelingt, den Auszahlungstermin in das Jahr nach der Berentung (bzw. in ein Jahr mit niedrigem Einkommen) zu legen, ist der Steuervorteil beträchtlich. Mit dem Anlageberater kann man die Möglichkeiten der Steuerersparnis ebenfalls beraten. Das macht regelmäßig jedoch erst dann einen Sinn, wenn durch einen mehrjährigen Sparvertrag oder bei höherer Einmaleinzahlung ein erheblicher Betrag von einigen tausend Mark anfällt.

Was ist wichtiger: höchste Sicherheit oder höchster Gewinn?
Das ist zunächst einmal Ansichtssache. Eigentlich möchte jeder Mensch beides auf einmal, was in der Geldwirtschaft nicht möglich ist. Wenn es darum geht, eine zusätzliche Rentenversorgung aufzubauen, muß man wohl der Sicherheit Vorrang einräumen. Das tut auch der Gesetzgeber, der den Lebensversicherungsgesellschaften verbietet, die Gelder der Versicherten in hochspekulative Anlagen zu stecken.

Wer dennoch etwas mehr als das gewöhnliche Risiko eingehen will und darauf hofft, aus seinen Rücklagen einen höheren Gewinn zu schöpfen, kann Glück, aber auch Pech haben. Zum Beispiel kann man bei Versicherungsgesellschaften eine »fondsgebundene« Lebensversicherung abschließen, die die Beiträge in Aktien, festverzinslichen Wertpapieren oder Immobilien anlegt. Die Stiftung Warentest hat solche Versicherungen untersucht und ist dabei auf Gewinne zwischen stolzen 15,1 Prozent bis zu mickrigen 2,5 Prozent gekommen; in der Mehrzahl der Fälle lag die Rendite knapp über der einer vergleichbaren Kapital-Lebensversicherung.

Ähnlich sieht es aus, wenn man Rücklagen für das Rentenalter in Fonds der Banken und Sparkassen anlegt. Mit Glück erzielt man mit Wiederanlage ausgezahlter Sparplanguthaben in festverzinslichen Wertpapieren einen etwas höheren Gewinn als beim gewöhnlichen Sparen nach Sparplan. Stellt sich aber heraus, daß der deutsche Vereinigungsprozeß schlechter als erhofft vorangeht, daß der wirtschaftliche Verfall im Ostblock nicht aufgefangen werden kann oder daß im arabischen (Öl-) Raum langjährige Unruhen toben, kann es sogar zu einem Wertverlust kommen.

Ganz und gar muß davon abgeraten werden, Rücklagen für das Rentenalter in Aktien zu schaffen. Mehrere Stürze der Aktienbörse lassen für die nächsten Jahre nicht den Schluß auf langfristige Erholung der Kurse zu. Aktienbesitz ist immer nur dann lukrativ, wenn man zum Tiefpunkt gekauft hat und mit dem Verkauf bis zum Höhepunkt warten kann. Das steht aber einer Verwertung als kalkulierbare Zusatzrente entgegen. Außerdem bedarf Aktienbesitz ständiger Beobachtung der Börse, was mit zunehmendem Lebensalter immer schwerer fällt.

Ist Rentenvorsorge nur Altersvorsorge? Schön wäre es, wenn jeder Mensch in bester Gesundheit alt werden könnte, um dann in Frieden seine gesetzliche Rente plus zusätzliche betriebliche und/oder private Renten zu genießen. Aber viele werden vorher krank oder erleiden einen Unfall und können aus diesem oder jenem Grund nicht bis zum Rentenalter ihr Geld verdienen. Damit werden auch Pläne für zusätzliche betriebliche oder private Rentenversorgung zunichte. Deshalb ist es sehr sinnvoll, auch diejenigen Rentenerwartungen zu prüfen, die im Falle vorzeitiger Invalidität in Frage kommen.

- Die gesetzliche Rente wird bei vorzeitiger Berentung wegen Erwerbsunfähigkeit ab 1992 so berechnet, als habe der Versicherte bis zu seinem 60. Lebensjahr gearbeitet (vor dem 1. 1. 1992 wird nur bis zum 55. Lebensjahr hochgerechnet). Das ist eine deutliche Verbesserung. Nicht berücksichtigt wird jedoch, daß der Betroffene hätte aufsteigen können. Seine gesetzliche Rente berechnet sich also nach seinem Einkommen zum Zeitpunkt der vorzeitigen Berentung; lediglich dieses Einkommen wird bis zum 60. Lebensjahr fortgeschrieben, und nur die daraus errechnete Rente wird jährlich »dynamisiert«, also angepaßt. Die gesetzliche Rente fällt also bei vorzeitiger Berentung niedriger aus als erwartet.

- Falls eine betriebliche Altersversorgung geleistet wird, so fällt auch diese niedriger aus. Es ist nützlich, sich hier zu informieren und einige Varianten zu prüfen.

- Die private Kapital-Lebensversicherung wird erst am Ende der vertraglichen Laufzeit oder im Todesfall ausgezahlt, bei vorzeitiger Invalidität nur dann, wenn eine entsprechende Zusatzvereinbarung Teil der Versicherung ist. Dieser Zusatz erhöht aber die Beiträge oder vermindert die Höhe der Auszahlung am Ende der vollen Laufzeit. Vorzeitige Kündigung bedeutet meist erheblichen Geldverlust. Die durch Invalidität oft nötig werdende Verringerung oder Aussetzung der Beiträge führt zu einer Auszahlungssumme unterhalb der Erwartungen. So verringert sich auch die Altersrente noch weiter.

- Nur bei einem Arbeitsunfall tritt die gesetzliche Unfallversicherung ein, für die der Arbeitgeber Einzahlungen leistet. Sie zahlt zwar grundsätzlich mehr als die gesetzliche Rentenversicherung, aber diese wird bis zur Erreichung der Altersgrenze ausgesetzt. Es gibt also nicht etwa zwei Renten nebeneinander.

- Die Altersvorsorge in Form von Wohneigentum wird durch vorzeitige Invalidität und Berentung beträchtlich gestört. Es ist damit zu rechnen, daß man das Wohneigentum bei hohen monatlichen Zins- und Tilgungsraten nicht halten kann.

Es ist also sehr kurzsichtig, wenn man immer nur an seine Rentenerwartung an der Altersgrenze denkt. Wohl dem, der es sich finanziell leistet, sich rechtzeitig gegen vorzeitige Invalidität abzusichern (beispielsweise durch eine Unfallversicherung) und so seine niedrige Rente aufzubessern.

Wie kann man vorzeitige Invalidität versichern? Im Grunde nur als Zusatz und im Verbund mit einer Lebensversicherung. Mit diesem Zusatz erhält man, je nach Grad der Arbeitsunfähigkeit, bis zum Ablauf der Versicherungszeit eine Rente. Gleichzeitig werden die Beiträge auf Null gestellt (bzw. um den

Prozentsatz der Arbeitsunfähigkeit verringert). Die Auszahlung der Versicherungssumme erfolgt in voller Höhe, so als hätte man ständig seine Beiträge weitergezahlt. Bei Einschluß der Invalidität in eine Kapital-Lebensversicherung spielt es keine Rolle, ob die Arbeitsunfähigkeit durch Unfall oder Krankheit (z. B. Rheuma, Herz-Kreislauf-Leiden, Diabetes) oder Operation (z. B. Amputation) entstanden ist. Allerdings werden die Anspruchsvoraussetzungen sehr genau überprüft und in Abständen immer wieder ärztliche Gutachten verlangt.

Der Invaliditätseinschluß in eine Kapital-Lebensversicherung ist also nur dann hilfreich, wenn dieser Versicherungsfall eintritt. Dagegen werden die zusätzlichen Kosten als beträchtlich empfunden, wenn man bis an die Altersgrenze gesund bleibt. So ist das eben bei der Ver-Sicherung von Risiken.

Hat man den Mut oder das Geld oder die robuste Gesundheit, auf einen solchen Invaliditätszuschlag zur Lebensversicherung zu verzichten, so kann man wenigstens eine private Unfallversicherung abschließen. Ihre Kosten richten sich natürlich auch nach den vereinbarten Leistungen, aber ganz grob kann man sagen, daß sie schon mit knapp 100 Mark im Jahr (!) eine ganze Reihe von Risiken abdeckt: Sie zahlt bei Unfalltod, unfallbedingter Invalidität (nach Schädigungsgrad), ferner Krankenhaustagegeld, entsprechend der Zahl der Krankenhaustage noch mal Genesungsgeld sowie eine Übergangsentschädigung bei mehr als sechsmonatiger Beeinträchtigung der Leistungsfähigkeit. Wahlweise kann auch noch, gegen erheblichen Aufpreis, Krankentagegeld in sinnvoller Höhe eingeschlossen werden, was sich für Selbständige empfiehlt, nicht für Personen, die Lohnfortzahlung mit anschließendem gesetzlichem Krankengeld (von der Krankenkasse) erhalten.

Eine solche Versicherung löst bei ernsten, anhaltenden Unfallfolgen nicht alle Probleme auf Dauer, schafft aber viel Luft für eine Übergangszeit. Wichtig: Die Tarife unterscheiden sich beträchtlich. Bei den Verbraucherzentralen gibt es Vergleichslisten, die man einsehen kann. Beispiel Stiftung Warentest: Die Prüfer ermittelten je 1000 Mark Versicherungssumme bei Invalidität (Gefahrengruppe A) Jahresbeiträge zwischen 0,60 Mark und 1,70 Mark. Leistungen bei Unfalltod sind etwa gleich teuer. Wem es nicht egal ist, ob er für die gleiche Leistung jährlich 100 oder 200 Mark bezahlt, der muß mehrere Angebote vergleichen oder einem Versicherungsmakler vertrauen, der unter mehreren Versicherungen die jeweils günstigste aussucht bzw. aussuchen sollte. »Versicherungsmakler« finden Sie unter diesem Stichwort im Branchenfernsprechbuch.

12 Rentenbegriffe von A bis Z

Abtretung: Übertragung des Rentenanspruchs auf einen anderen; erfolgt durch Vertrag des Rentenberechtigten mit seinem Gläubiger. Eine Abtretung ist bis zur Pfändungsgrenze zulässig, deren Höhe sich aus dem Familienstand ergibt. Man erfährt die persönliche Pfändungsgrenze bei Sozialämtern und öffentlichen Rechtsauskunftsstellen. Abtretung in voller Höhe ist nur möglich, wenn die gesetzliche Rentenversicherung feststellt, daß die Abtretung im wohlverstandenen Interesse des Berechtigten liegt.

Anpassung: Sinn der Anpassung ist es, die Rentner an der allgemeinen wirtschaftlichen Entwicklung zu beteiligen. Unter Zugrundelegung des Durchschnittseinkommens aller versicherten Arbeiter und Angestellten wird die Anpassung jährlich zum 1. Juli vorgenommen. Staatlicherseits wird kontrolliert, daß die Anpassungshöhe prozentual dem Nettoanstieg der Arbeitseinkommen entspricht.

Arbeitgeber- und Arbeitnehmeranteil: Aufgrund der Versicherungspflicht sind Beiträge zur Rentenversicherung und zur Krankenkasse je zur Hälfte von Arbeitnehmer und Arbeitgeber zu tragen; sie berechnen sich nach dem Bruttoarbeitsverdienst, höchstens jedoch bis zur Beitragsbemessungsgrenze.

Beitragsbemessungsgrenze: Sie wird jährlich neu festgesetzt, steigt jährlich etwa um den Prozentsatz der Anpassung und beträgt 1991 6500 Mark Bruttomonatseinkommen. Aus der B. ergibt sich auch der höchstmögliche Beitrag zur gesetzlichen Rentenversicherung. Er beträgt 1991 1216 Mark.

Beitragslose Zeiten: Das sind Zeiten, in denen keine Beiträge entrichtet werden, die aber doch bei der Rentenberechnung berücksichtigt werden und die Rente erhöhen. Es handelt sich dabei hauptsächlich um sogenannte Ersatz- und Ausfallzeiten (nicht zu verwechseln mit der Zurechnungszeit – siehe dort).

Beschäftigungszeiten: Begriff aus dem Fremdrentenrecht. Das sind Zeiten einer Beschäftigung im Ausland ohne Beitragszahlung, wenn die gleiche Tätigkeit im Bundesgebiet versicherungspflichtig gewesen wäre. B. werden deshalb bei der Rentenberechnung wie Beitragszeiten behandelt.

Erbfolge: Das »Renten-Erbrecht« bestimmt, an wen beim Tod des Rentners bis dahin noch nicht gezahlte, aber fällige Renten auszuzahlen sind. Nacheinander sind berechtigt: Ehegatte, Kinder, Eltern und »Haushaltsführer«, wenn diese Person zur Zeit des Todes mit dem Berechtigten in häuslicher Gemeinschaft gelebt hat.

Erwerbsunfähigkeit: Wer aufgrund körperlicher oder geistiger Gebrechen nicht mehr oder nur unregelmäßig arbeiten oder aus seiner Arbeit nur noch geringfügiges Einkommen erzielen kann, ist erwerbsunfähig. Er erhält Erwerbsunfähigkeitsrente.

Erziehungsrente: Rente wegen Kindererziehung erhält der geschiedene Ehegatte beim Tod seines früheren Ehegatten, wenn und solange er ein waisenrentenberechtigtes Kind erzieht und eine unterhaltsichernde Berufstätigkeit nicht erwartet werden kann.

Flexibles Altersruhegeld: Dasjenige Altersruhegeld, das schon ab 63. Lebensjahr (Schwerbehinderte, Berufs- und Erwerbsunfähige ab 60 Jahre) bezogen werden kann, wenn 35 anrechnungsfähige Versicherungsjahre vorliegen und die Beschäftigung ganz oder überwiegend aufgegeben wird.

Generationenvertrag: Nicht schriftlich fixierter Vertrag zwischen der beitragzahlenden und der rentenbeziehenden Generation. Kernstück ist die Verpflichtung der Erwerbsgeneration zur Beitragszahlung, in der Erwartung, daß die nachfolgende

Generation dieselbe Verpflichtung übernimmt. Der G. ist Ausgangspunkt heutiger Rentengesetzgebung.

Gesamtsozialversicherungsbeitrag: Die Arbeitnehmer- und Arbeitgeberbeitragshälften zur Renten-, Kranken- und Arbeitslosenversicherung sind vom Arbeitgeber in einem einzigen G. zu entrichten. Empfänger des G. sind die gesetzlichen Krankenkassen, die die Einzelbeiträge an die Renten- und Arbeitslosenversicherung weiterleiten.

Heilverfahren: Auch Heilkuren oder Rehabilitationsverfahren (kurz Reha) genannt. Behandlungen in Kur- und Badeorten sowie Spezialanstalten. Die Kosten eines Heilverfahrens werden auf die spätere Rente nicht angerechnet. H. sollen nach Möglichkeit drohende Berentung abwenden: »Kur geht vor Rente.«

Mindestrente: Eine Mindestrente, wie oft angenommen, gibt es nicht. Es gibt lediglich eine Rente nach Mindesteinkommen: besonders niedrige Bruttoarbeitsverdienste werden bei der Rentenberechnung so angehoben, als hätte der Versicherte 75 Prozent des Durchschnittseinkommens aller Versicherten verdient und entsprechende Beiträge geleistet.

Neufeststellung von Renten: Bemerkt der Rentner, daß er zuwenig Rente bekommt, oder findet er nachträglich Unterlagen, die zu einer höheren Rente führen können, kann er jederzeit die Neufeststellung der Rente verlangen.

Pfändung von Renten: Gerichtliche Übertragung des Rentenanspruches auf einen Dritten bis zur Pfändungsgrenze (siehe auch Abtretung). Der Rentner darf dadurch jedoch nicht hilfsbedürftig werden.

Rentenarten: Als R. werden Altersruhegeld, Witwen-/Witwerrenten, Waisenrenten, Geschiedenenrenten (nur für Scheidungen bis 30. 6. 1977), Berufs- und Erwerbsunfähigkeitsrenten sowie Renten wegen Erziehungszeiten unterschieden.

Rentenauskunft: Auskunft über die Höhe der Rentenanwartschaft bekommen Versicherte automatisch ab 55. Lebensjahr, auf Antrag grundsätzlich auch früher. Dabei werden alle Zeiten berücksichtigt, die im Versicherungskonto gespeichert sind.

Rentenversicherungsträger: Das sind Bundesversicherungsanstalt für Angestellte (BfA), Landesversicherungsanstalten für Arbeiter (LVA), Bundesknappschaft, Bundesbahnversicherungsanstalt und Seekasse. Es sind keine »staatlichen«, sondern öffentlich-rechtliche Körperschaften.

Rückforderung: Rentenversicherungen dürfen eine gezahlte Rente nur zurückfordern, wenn sie für die Überzahlung kein Verschulden trifft und (!) soweit erwartet werden kann, daß der Rentner bei Empfang wissen mußte, daß ihm die Rente in der gezahlten Höhe nicht zustand, und (!) die Rückforderung wegen der wirtschaftlichen Verhältnisse vertretbar ist.

Sozialgerichtsbarkeit: Streitigkeiten zwischen Versicherten und den Rentenversicherungen werden vor Sozialgerichten, Landessozialgerichten (zweite Instanz) und Bundessozialgericht (oberste Instanz) ausgetragen. Gerichtskosten entstehen für den Versicherten nicht. Es besteht in erster Instanz kein Anwaltszwang. Zwingend ist vorgeschrieben, daß vor der Klage beim Sozialgericht ein Widerspruchsverfahren durch die Rentenversicherung abgelehnt wurde.

Sterbevierteljahr: Der Rentenanspruch des Versicherten endet mit dem Sterbemonat; darüber hinaus gezahlte Renten müssen zurückgezahlt werden. Insoweit gibt es von den Rentenversicherungen kein »Sterbegeld« (wohl aber von den Krankenkassen). Dagegen erhält die Witwe oder der rentenberechtigte Witwer für die ersten drei Monate nach dem Sterbemonat des Versicherten eine Rente in voller Höhe des Versichertenanspruchs (ohne Kinderzuschuß). Ein Vorschuß auf das Sterbevierteljahr wird per Post gezahlt, wenn die Auszahlung innerhalb von 20 Tagen nach dem Tod des Rentners beantragt wird.

Verjährung: Rentenansprüche verjähren grundsätzlich vier Jahre nach Ablauf des Jahres, in dem sie entstanden sind. Die Verjährung wird durch den Rentenantrag unterbrochen.

Versichertenälteste: Das sind Vertrauensleute der Versicherten mit der Aufgabe, die Interessen der Versicherten und Rentner wahrzunehmen und diese nach Möglichkeit zu beraten. Weder die V. noch die Rentenversicherungen haften dafür, daß die Auskünfte der V. richtig oder vollständig sind.

Versicherungsjahre: Alle Zeiten, auf die es bei der Berechnung der Rente ankommt: Beitrags-, Ersatz-, Ausfall- und Zurechnungszeiten. Mit den Beitrags- und Ersatzzeiten wird die sogenannte Wartezeit erfüllt (siehe dort).

Versorgungsausgleich: Die Aufteilung der während der Ehe erworbenen Renten- und Versorgungsanwartschaften auf beide Ehegatten zu gleichen Teilen bei der Scheidung. Ausgleichspflichtig ist der Ehepartner mit den werthöheren Anwartschaften. Dem schwächeren Ehegatten steht als Ausgleich die Hälfte des Wertunterschieds zu. Ziel des V. ist die eigenständige soziale Sicherung des finanziell Schwächeren im Fall der Scheidung (also fast immer der Frau).

Vorschuß: Vor Erteilung des Rentenbescheids kann auf Antrag des Versicherten ein Vorschuß gewährt werden.

Wartezeit: Rente bekommt nur, wer mindestens 60 Monate der Versicherung angehört hat. Als »Wartezeit« in diesem Sinn gelten nur Beitrags- und Ersatzzeiten sowie Zeiten aus dem Versorgungsausgleich (siehe dort). Bei Arbeitsunfall gilt die Wartezeit auch mit weniger als 60 Monaten als erfüllt.

Wegfall: Nicht jede Rente wird auf unbegrenzte Zeit gewährt. Gesetzliche Wegfallgründe sind Tod des Rentenempfängers, Wiederheirat der Witwe, gesundheitliche Besserung bei Rente wegen Berufs- oder Erwerbsunfähigkeit, Überschreitung der

Hinzuverdienstgrenzen bei den verschiedenen Rentenarten (siehe unter Hinzuverdienstgrenzen im Stichwortverzeichnis).

Wiederaufleben: Eine Witwenrente, die wegen Wiederheirat weggefallen ist, kann wiederaufleben, wenn die neue Ehe geschieden wird. Allerdings sind Unterhalts- oder Versorgungsansprüche, die aus der neuen Ehe entstehen, auf die wiederaufgelebte Rente anzurechnen. Das gleiche gilt für Geschiedenenrenten.

Wiedergewährung: Ein vorzeitiges oder flexibles Altersruhegeld, das wegen Aufnahme einer Beschäftigung weggefallen ist, kann auf Antrag wiedergewährt werden, wenn die Beschäftigung aufgegeben wird. Zwischenzeitlich entrichtete Beiträge werden der wiederzugewährenden Rente angerechnet.

Zeitrente: Besteht die begründete Aussicht, daß eine Berufs- oder Erwerbsunfähigkeit in absehbarer Zeit behoben sein wird, werden diese Renten nicht auf Dauer, sondern nur auf Zeit gewährt. Ggf. muß sich der Rentner nach Ablauf der Zeit einer erneuten Gesundheitsprüfung stellen.

Anhang

Adressenverzeichnis

Die Landesversicherungsanstalten (LVA) für Arbeiter:

LVA Baden, 7500 Karlsruhe 1, Gartenstr. 105
LVA Berlin, 1000 Berlin 19, Messedamm 1
LVA Braunschweig, 3300 Braunschweig, Kurt-Schumacher-Str. 20
LVA Hamburg, 2000 Hamburg 60, Überseering 10
LVA Hannover, 3014 Laatzen, Lange Weihe 2
LVA Hessen, 6000 Frankfurt 70, Städelstr. 28
LVA Niederbayern-Oberpfalz, 8300 Landshut, Am Alten Viehmarkt 2
LVA Oberbayern, 8000 München 83, Thomas-Dehler-Str. 3
LVA Oberfranken-Mittelfranken, 8580 Bayreuth 2, Wittelsbacherring 11
LVA Oldenburg-Bremen, 2900 Oldenburg, Huntestr. 11
LVA Rheinland-Pfalz, 6720 Speyer, Eichendorffstr. 4–6
LVA Rheinprovinz, 4000 Düsseldorf 1, Königsallee 71
LVA Saarland, 6600 Saarbrücken, Martin-Luther-Str. 2–4
LVA Schleswig-Holstein, 2400 Lübeck 1, Kronsforder Allee 2–6
LVA Schwaben, 8900 Augsburg 1, An der blauen Kappe 18
LVA Unterfranken, 8700 Würzburg 2, Friedenstr. 14
LVA Westfalen, 4400 Münster, Gartenstr. 194
LVA Württemberg, 7000 Stuttgart 40, Adalbert-Stifter-Str. 105

Bundesbahnversicherung für Arbeiter der Bundesbahn und der früheren Reichsbahn:

Zentrale: 6000 Frankfurt 1, Karlstr. 4–6

Adressen für die Direktionsbezirke:
Karlsruhe und Stuttgart: 7500 Karlsruhe 1, Erbprinzenstr. 27

Frankfurt, Kassel, Mainz, Saarbrücken: 3500 Kassel 1, Kölnische Str. 81

Berlin, Hamburg, Hannover, Münster: 4400 Münster, Bahnhofstr. 1–5

München, Nürnberg, Regensburg: 8200 Rosenheim, Bahnhofstr. 14

Essen, Köln, Wuppertal: 5600 Wuppertal 1, Döppersberg 41

Anschriften der Bundesknappschaft:

5100 Aachen, Monheimsallee 22
1000 Berlin 31, Fehrbelliner Platz 3
4630 Bochum, Pieperstr. 14–28
3000 Hannover 1, Siemensstr. 7
3500 Kassel 1, Kölnische Str. 73
5000 Köln 1, Werderstr. 1
4130 Moers 1, Bankstr. 37
8000 München 40, Friedrichstr. 19
6600 Saarbrücken, Trierer Str. 8
5900 Siegen 1, Herrengarten 1
6290 Weilburg, Wilhelmstr. 11

Auskunfts- und Beratungsstellen der Bundesversicherungsanstalt für Angestellte (BfA):

(nach telefonischer Terminvereinbarung)

Berlin-Wilmersdorf*
Tel.: (030) 865-1
Augsburg
Tel.: (0821) 38091
Bielefeld
Tel.: (0521) 67011
Bonn*
Tel.: (0228) 631901
Braunschweig
Tel.: (0531) 46027
Bremen*
Tel.: (0421) 320945
Dortmund*
Tel.: (0231) 126021
Düsseldorf*
Tel.: (0211) 370145
Essen
Tel.: (0201) 237217
Frankfurt*
Tel.: (069) 235011
Freiburg i. Br.
Tel.: (0761) 274063
Gießen
Tel.: (0641) 12091
Hamburg*
Tel.: (040) 340781
Hannover*
Tel.: (0511) 327601
Karlsruhe
Tel.: (0721) 28612
Kassel
Tel.: (0561) 16305/06
Kiel
Tel.: (0431) 95021
Köln*
Tel.: (0221) 520032
Lübeck
Tel.: (0451) 82034
Mainz*
Tel.: (06131) 234637
Mannheim
Tel.: (0621) 27987
München*
Tel.: (089) 501071
Münster*
Tel.: (0251) 531081
Nürnberg*
Tel.: (0911) 262151
Osnabrück
Tel.: (0541) 28023
Regensburg
Tel.: (0941) 58186
Saarbrücken*
Tel.: (0681) 34005
Stuttgart*
Tel.: (0711) 225051
Ulm
Tel.: (0731) 60851
Würzburg
Tel.: (0931) 14021

* mit angeschlossenem Informationszentrum

Örtliche Beratungsstellen der BfA:

(nach telefonischer Terminvereinbarung)

Aalen
Tel.: (07361) 62083/84

Ansbach
Tel.: (0981) 15005

Bad Hersfeld
Tel.: (06621) 76011

Bad Kissingen
Tel.: (0971) 1464

Bad Kreuznach
Tel.: (0671) 30025

Bad Segeberg
Tel.: (04551) 2077

Bad Tölz
Tel.: (08041) 6089

Balingen
Tel.: (07433) 6755

Bamberg
Tel.: (0951) 25390

Bayreuth
Tel.: (0921) 288-328

Biberach/Riß
Tel.: (07351) 6057

Bochum
Tel.: (0234) 516458

Celle
Tel.: (05141) 21081

Cuxhaven
Tel.: (04721) 38077

Darmstadt
Tel.: (06151) 3930

Detmold
Tel.: (05231) 26084

Donauwörth
Tel.: (0906) 76-0

Düren
Tel.: (02421) 59040

Duisburg
Tel.: (0203) 3003-0

Emden
Tel.: (04921) 23051

Eschwege
Tel.: (05651) 31770

Flensburg
Tel.: (0461) 24546

Friedberg
Tel.: (06031) 4055

Fulda
Tel.: (0661) 2880

Garmisch-Partenkirchen
Tel.: (08821) 7550

Gelsenkirchen-Buer
Tel.: (0209) 36020

Goslar
Tel.: (05321) 26001

Gütersloh
Tel.: (05241) 27057-59

Hagen
Tel.: (02331) 383-0

Hameln
Tel.: (05151) 2010

Hamm
Tel.: (02381) 2701

Heidelberg
Tel.: (06221) 160080

Heidenheim
Tel.: (07321) 42057

Heilbronn
Tel.: (07131) 62390

Hildesheim
Tel.: (05121) 37031
Höxter
Tel.: (05271) 3034
Hof
Tel.: (09281) 9916
Kaiserslautern
Tel.: (0631) 92031
Kamp-Lintfort
Tel.: (02842) 1827
Kempten
Tel.: (0831) 28072
Lingen
Tel.: (0591) 4241
Lörrach
Tel.: (07621) 419-211
Lüneburg
Tel.: (04131) 45095
Marburg
Tel.: (06421) 4010
Mönchengladbach
Tel.: (02161) 81960
Moers
Tel.: (02841) 25294
Neuwied
Tel.: (02631) 29061
Oldenburg
Tel.: (0441) 7702-0
Paderborn
Tel.: (05251) 22231
Passau
Tel.: (0851) 52141
Peine
Tel.: (05171) 18031
Ravensburg
Tel.: (0751) 2805
Recklinghausen
Tel.: (02361) 1809-0
Rosenheim
Tel.: (08031) 398227
oder 3980
Rotenburg/W.
Tel.: (04261) 3534
Salzgitter-Lebenstedt
Tel.: (05341) 405231
Schweinfurt
Tel.: (09721) 95261
Siegen
Tel.: (0271) 33761
Soest
Tel.: (02921) 4061
Trier
Tel.: (0651) 2095-0
Velbert
Tel.: (02051) 4404-06
Weiden
Tel.: (0961) 7081
Wittlich
Tel.: (06571) 4094
Wolfsburg
Tel.: (05361) 183-210
Wuppertal
Tel.: (0202) 582219
und 582215

Adressen für die Kriegsopferversorgung in den neuen Bundesländern:
(Stand: Januar 1991)

Mecklenburg-Vorpommern
Versorgungsamt Rostock
Wallstr. 2
O-2500 Rostock
Versorgungsamt Stralsund
Prohner Str. 31a/PF 90
O-2300 Stralsund
Versorgungsamt Schwerin
Werderstr. 124
O-2756 Schwerin
Versorgungsamt Neubrandenburg
Leninstr. 120/PF 050

Brandenburg
Versorgungsamt Potsdam
Henning-von-Treskow-Str. 2–8
O-1500 Potsdam
Versorgungsamt Frankfurt/O.
Otto-Grotewohl-Str. 53
O-1200 Frankfurt/O.
Versorgungsamt Cottbus
Betriebspoliklinik TKC-GmbH
Gerhart-Hauptmann-Str./PF 252
O-7500 Cottbus

Sachsen-Anhalt
Amt für Versorgung und Soziales
Maxim-Gorki-Str. 5–7
O-4020 Halle
Amt für Versorgung und Soziales
Editharing 31
O-3080 Magdeburg

Sachsen
Amt für Familie und Soziales
Karl-Marx-Allee 10
O-9001 Chemnitz
Amt für Familie und Soziales
Loschwitzer Str. 43
O-8053 Dresden
Amt für Familie und Soziales
Friedrich-Engels-Platz 5
O-7010 Leipzig

Thüringen
Amt für Soziales und Familie
Blumenthalkaserne
Jenaer Str. 37
O-5084 Erfurt
Amt für Soziales und Familie
Straße des 7. Oktober 11
O-6500 Gera
Amt für Soziales und Familie
Karl-Liebknecht-Str. 4
O-6000 Suhl

Für **Berlin** sind zuständig:
Versorgungsamt Berlin (I und II)
Sächsische Str. 30
W-1000 Berlin 31
oder
Versorgungsamt Berlin (I und II)
– Zweigstelle –
Straße der Befreiung 60
Haus 1
O-1136 Berlin

(Adressen und Telefonnummern ohne Gewähr)

Quellenverzeichnis und Zusatzliteratur

Arbeitsrecht von A–Z. Beck-Rechtsberater im dtv, Band Nr. 5041, 470 Seiten, 12,80 DM.
Der Selbständige und seine Rente. BfA, 175 Seiten, 4 DM Schutzgebühr.
Die Künstler und ihre Rente. BfA, 164 Seiten, 3 DM Schutzgebühr.
Einigungsvertrag und gesetzliche Rentenversicherung. BfA-aktuell, 222 Seiten.
Erfolgreiche Altersvorsorge. Beck-Rechtsberater im dtv, 3. Auflage, Band Nr. 5207, 272 Seiten (insbesondere Betriebliche Altersvorsorge), 12,80 DM.
Gesetz über die Versorgung der Opfer des Krieges (Bundesversorgungsgesetz 1990). Bundesminister für Arbeit und Sozialordnung, 171 Seiten.
Nachversicherung. BfA, 224 Seiten, 4 DM Schutzgebühr.
Renten für Witwen und Witwer. BfA, 346 Seiten, 5 DM Schutzgebühr.
Rentenreform 1992. BfA, 76 Seiten.
Rentenreformgesetz 1992, Textausgabe. Bundesminister für Arbeit und Sozialordnung, 367 Seiten.
Richtig versichert. Stiftung Warentest, 119 Seiten, 14 DM.
Vanderborg, C., So versichere ich mich richtig. Goldmann-Ratgeber, Band Nr. 10451, 188 Seiten, 9,80 DM.

Stichwortverzeichnis

Der Autor bedankt sich bei der Leitung der Abteilung Öffentlichkeitsarbeit der Bundesversicherungsanstalt für Angestellte, insbesondere bei Frau Gabriele Kreutz, für ihre sachkundige Durchsicht der Abschnitte über die gesetzliche Rentenversicherung. Der Firma Otto Jass Versicherungen (Versicherungsmakler) in Berlin wird für die objektive Beratung in Fragen der privaten Altersvorsorge gedankt.

WISSENSCHAFTLER DENKEN NEUE WEGE

ISBN 3-442-11689-9

ISBN 3-442-11469-1

ISBN 3-442-11460-8

Ein leidenschaftliches Plädoyer für eine notwendige Neuorientierung von Wirtschaft, Wissenschaft, Kultur und Politik.

ISBN 3-442-12303-8

GOLDMANN

GESUNDER KÖRPER – GESUNDER GEIST

Mariann Kjellrup
Bewußt mit dem Körper leben 10304

Louis Proto
Das Energie-Programm
13508

Rolf D. Koll
Grundkurs Bioenergetik
10447

Lautenschläger u. a.
Wellness
10394

Michael Schreiber
Die Kunst des Laufens
10464

Peter Schwind
Alles im Lot: Rolfing
10302

GOLDMANN